EL
MINISTERIO
PROFÉTICO

Una Guía Exhaustiva

D1409103

DR. EDGAR GONZÁLEZ JAIME

Publicado por Ministerios de Impacto Global
P.O. Box 2551
Isabela, PR, 00662

Todos los derechos reservados.
Impreso en Estados Unidos de Norte América.
ISBN-13: 978-1479227082
ISBN-10: 1479227080

"El Dr. González Jaime es un teólogo práctico pionero en el ministerio profético. Opera poderosamente en lo profético, y a la misma vez, cimenta su ministerio en unos fundamentos bíblicos y teológicos sólidos. Por consiguiente, *El Ministerio Profético: Una Guía Exhaustiva* es único en su enfoque al extraer los ricos, pero a menudo ocultos, trasfondos históricos, bíblicos y teológicos con el fin de recoger ideas prácticas más exigentes para el ministerio de la profecía y los profetas en la iglesia hoy".

—Paul L. King, D.Min., D.Th.
Profesor Asociado de Aprendizaje a Distancia
Oral Roberts University

"*El Ministerio Profético: Una Guía Exhaustiva* es la respuesta a las oraciones de muchos siervos y siervas de Dios. Personas que creemos profundamente en el mover profético que se está dando en la Iglesia en este tiempo, pero que a la misma vez, estamos conscientes y preocupados por los excesos y abusos que estamos viendo. Necesitamos una guía como ésta para traer balance y el orden del Espíritu. El Dr. Edgar González Jaime, como siervo del Señor Jesucristo y Profeta, pone en nuestras manos una herramienta eficaz para el proceso de educar y guiar a la Iglesia a madurar y crecer en el mover profético. Con sólo dar una mirada al contenido de este libro, el lector o lectora se dará cuenta que es el producto de una investigación exhaustiva, seria y profunda. Investigación que tomó como fuentes no sólo nuestra guía por excelencia, la Palabra de Dios, sino también la historia del profetismo, investigaciones de eruditos y la experiencia. Como Pastor y padre espiritual de Edgar lo felicito y le doy gracias por esta joya que ha puesto en nuestras manos".

—Apóstol David M. Abréu Ortiz
Pastor Principal
Iglesia Cristiana Ciudad de Alabanza
Moca, Puerto Rico, EEUU

"Con este libro, *El Ministerio Profético: Una Guía Exhaustiva*, el Dr. Edgar González Jaime le ha dado a la iglesia de hoy una herramienta valiosa. De su trabajo como evangelista, abogado e investigador ha elaborado este volumen para ayudar a comprender el ministerio profético. El título es preciso, ya que es exhaustivo acerca de este tema vital. Recomiendo de todo corazón este libro a pastores, maestros, evangelistas y misioneros—cualquiera que ministra en la esfera de los dones y las manifestaciones espirituales".

—Kenneth Mayton, Ed.D.
Director, Programa Doctor en Ministerio
Oral Roberts University
Escuela de Teología y Ministerio
Tulsa, Oklahoma, EEUU

"*El Ministerio Profético: Una Guía Exhaustiva* es tanto práctico como teológico; escrito para ambos: el salón de clases y el creyente individual que quiere crecer en el ministerio profético. El Dr. Edgar González Jaime, como profeta evangelista y erudito en verdades bíblicas presentes, ha provisto al Cuerpo de Cristo con un caudal de conocimiento e información en el tema del ministerio profético de hoy. Recomiendo este trabajo a cualquier persona que está buscando adquirir conocimiento de este esencial ministerio".

—Apóstol Louie A. Hernández
Pastor Principal
Gresham Christian Fellowship
Gresham, Oregon, EEUU

"En este libro, nuestro buen amigo el Dr. Edgar González Jaime lleva al lector a un apasionante viaje bíblico, histórico y teológico para explicar y validar el ministerio profético. El Dr. González Jaime ha elaborado una guía fundamental muy útil para los cinco dones ministeriales y para cualquiera que busca una mejor comprensión de la profecía. Una vez leído, este libro se convertirá rápidamente en una guía de recursos que será revisada una y otra vez.

—Apóstoles Drs. Curt y Linda Stennis
Ministerios Internacionales Salvación y Liberación
Hermandad De Ministerios En Pacto
Chicago, Illinois, EEUU

"La profecía está en la vanguardia del avivamiento cristiano en el escenario global de hoy. Sin embargo, la profecía es uno de los dones del Espíritu Santo menos comprendidos y más abusados en la Iglesia. En este libro conciso y bellamente escrito, el Dr. González Jaime explora este tan relevante tema de todos los ángulos—bíblico, histórico, teológico, y práctico. El autor es mucho más que un erudito competente. La profunda sabiduría que fluye de estas páginas se forja a partir de las experiencias de un profeta real. Esto especialmente se percibe en el magistral capítulo titulado "Enfoques de Cómo Profetizar". No he encontrado ningún libro sobre el tema de la profecía que pueda rivalizar con éste en su integridad erudita, balance bíblico y utilidad práctica".

—David Dorries, Ph.D.

Decano y Profesor de Estudios Históricos y Teológicos

Oslo International Bible College

Oslo, Noruega

<u>DEDICATORIA</u>

A Jesucristo, quien me ha concedido la bendición
de ser uno de Sus portavoces.

A mi esposa Karen, quien ha sido una inspiración para mí
a lo largo de nuestros diecinueve años de matrimonio.
Ella ha sido una esposa fiel y amorosa quien ha perseguido
juntamente conmigo todos mis sueños.
Su amor, sabiduría y paciencia durante todos estos
años de matrimonio han sido ilimitados.
Ella ha sido un tremendo ejemplo de la esposa
virtuosa de Proverbios 31.
Soy bendecido de tenerla como esposa.

A nuestras dos hijas, Isabella Sophia y Mikeila Camille.
Que el Espíritu Santo las llame al ministerio
y lleguen a ser unas poderosas profetisas
del Reino de Jesucristo.

CONTENIDO

RECONOCIMIENTOS

Hay muchas personas que han contribuido a este trabajo de muchas maneras. El contenido de este libro fue parte de mi proyecto para obtener el grado de Doctor en Ministerio en la Universidad Oral Roberts. Me gustaría reconocer la facultad del seminario ORU de la Escuela de Teología y Ministerio por su ayuda y apoyo. Estoy muy agradecido con el Dr. Paul King, el Dr. Charles Snow, y el Dr. Kenneth Mayton por su apoyo y experiencia a través de muchas conversaciones útiles, sugerencias, comentarios detallados y consejos, que han hecho lo que parecía una tarea insuperable, manejable.

No hay palabras para expresar mi agradecimiento a mi esposa Karen. Ella ha hecho muchos sacrificios considerables para ver que este libro fuera una realidad. Siguió creyendo en mí y entendió todas las largas horas hasta tarde en la noche, semanas, fines de semana y días festivos que estuve fuera de casa.

Finalmente, estoy agradecido también de mi querido amigo y pastor, el Apóstol David Abréu, quien a lo largo de los años ha escuchado, apoyado y alentado mi predicación, enseñanza, y ministerio profético.

INTRODUCCIÓN

En el año que murió el rey Uzías, vi yo al Señor sentado sobre un trono alto y sublime; y el borde de sus vestiduras llenaba el templo. . . Entonces escuché la voz del Señor, que decía: ¿A quién enviaré? ¿Y quién irá por nosotros? Y yo respondí: Heme aquí, envíame a mí. Y dijo: Ve y di a este pueblo. . .".

Isaías 6:1, 8-9 (RVA)

Las personas en la sociedad de hoy desean y están desesperadamente buscando escuchar de una fuente sobrenatural las contestaciones a sus dilemas actuales. Los medios de comunicación están saturados con psíquicos y engañadores que falsamente ofrecen soluciones a sus problemas. Los cristianos de hoy están en una situación similar; necesitan desesperadamente oír de parte de Dios. Rick Joyner, un ministro profético muy conocido en los Estados Unidos expresa: "Tanto en la iglesia como en el mundo, hay una nueva hambre de lo profético. Esta hambre se debe a un deseo creciente de recibir dirección con el fin de sobrevivir a la confusión rampante de nuestro tiempo".[1] Por lo tanto, es obvio el porqué cristianos devotos que creen en la Biblia están mirando seriamente al ministerio profético como un medio bíblico para escuchar a Dios.

No obstante, el Cristianismo ha luchado con una pregunta fundamental: ¿está este ministerio disponible y es válido para la iglesia de hoy? La gente puede decir que esta búsqueda es bastante justificada porque los abusos y los falsos profetas han invadido la vida, la práctica y la doctrina de la Iglesia a lo largo de la historia de la Iglesia. Estos se ven hoy alrededor de los Estados Unidos, y especialmente en Hispanoamérica, donde la Iglesia ha sido objeto de un espíritu desenfrenado de falsa profecía que plantea grandes peligros, tales como el fanatismo y el exclusivismo en la vida de la Iglesia. Por lo tanto, la Iglesia tiene el reto de enfrentar y exponer prácticas que no son bíblicas permeadas con falsa doctrina

Bajo la interrogante presentada anteriormente se encuentra una controversia fundamental representada por la siguiente pregunta: ¿Todavía Dios habla? Aún cuando las prácticas no bíblicas han desafiado las filas del ministerio en la Iglesia, yo afirmo que hay una revelación continua de parte de Dios y que la validez del ministerio profético en la Iglesia de hoy es veraz y por lo tanto, bíblica. Los creyentes oyen la voz de Dios a través de muchos medios y el ministerio profético es uno de ellos.

Durante casi tres décadas una porción de la Iglesia ha estado experimentando el desarrollo de este ministerio bíblico particular que por siglos no estuvo comúnmente activo en la cristiandad. Durante las décadas de los años 1980 y 1990 los profetas comenzaron a ganar reconocimiento en muchas iglesias carismáticas y pentecostales alrededor del mundo, un reconocimiento que antes no disfrutaba. Sin embargo, mientras la Iglesia del siglo veintiuno comienza su jornada entrando en un nuevo milenio, la mayoría de las iglesias pentecostales y carismáticas continúan funcionando bajo el liderazgo de pastores, evangelistas y maestros, excluyendo a los profetas y apóstoles, y limitando a gran escala su propósito, misión y efectividad.

Por lo tanto, reconociendo el ministerio profético como un oficio que es bíblico (Efesios 4:11) e indispensable en la iglesia de hoy, he diseñado este libro para analizar este ministerio de manera bíblica, práctica, histórica, y teológicamente. Por ejemplo, voy a examinar las funciones del profeta, no sólo como un ministro dotado que utiliza con gran competencia el don de profecía, sino también como uno que ha sido autorizado por el Espíritu Santo con el propósito de permitir que el creyente sea transformado en la imagen de Cristo (Marcos 16:17-18; 2 Cor 3:18).

LA CRISIS DE HOY

En las iglesias pentecostales y carismáticas de hoy, en cierta medida, los pastores se enfrentan con una crisis. Es un reto conseguir que el liderazgo se involucre en la vida de la iglesia y hay muchas razones para esta crisis. En una sociedad donde el pensamiento posmoderno es la orden del día, la gente está menos orientada a involucrarse en prácticas religiosas y, por consiguiente, en encontrar una iglesia cristiana. Los que asisten a la iglesia se sienten abrumados por las crisis de hoy en día dentro de la sociedad, tales como: la guerra, el desempleo, el exceso de trabajo, la criminalidad, la falta de tiempo y los problemas financieros. En adición, las personas son menos fieles a las iglesias que en años anteriores. Por eso, buscar y desarrollar líderes para apoyar la visión y misión de la iglesia local se ha convertido en una tarea ardua.

Muchos pastores tratan de implementar nuevos programas con el fin de involucrar a los líderes en la vida de la iglesia. Otros están siempre luchando y en busca de un nuevo método "mágico" que salvará a la iglesia local. No obstante, muchas de las iglesias pentecostales y carismáticas no se dan cuenta que el ministerio profético es uno de los medios bíblicos mediante el cual el liderazgo es enraizado y cimentado en la iglesia local para su eficiencia. Por lo tanto, tenemos que entender que el ministerio profético puede ser de enorme valor para la iglesia local, pero también puede presentar dificultades significativas a la misma.

Este libro proporciona una comprensión bíblica, histórica, teológica y práctica clara, pero a la misma vez profunda, de cómo el ministerio profético puede edificar hoy las iglesias locales, y a todo creyente que tenga el deseo de crecer. Ayudará a los líderes a entender los roles, funciones y responsabilidades que tienen en la iglesia local, al ofrecer de primera mano un ministerio profético personal.

Es mi deseo que el liderazgo de las iglesias locales alrededor del mundo cumplan la voluntad de Dios en sus vidas, y, como resultado, influyan poderosamente el Reino de Dios. Por lo tanto, todo lector de este libro será motivado a seguir el consejo del apóstol Pablo: "Procurad alcanzar el amor; pero también desead ardientemente los dones espirituales, sobre todo que profeticéis" (1 Cor 14:1).

Al leer este libro, ganarás la seguridad necesaria de que estás cumpliendo con el mandato de Dios para tu ministerio o serás confrontado sabiendo que tienes que crecer y mejorar. Si eres un líder o un ministro, se supone que toques a muchas personas y tu responsabilidad es hacer posible que puedan experimentar en su totalidad el poder transformador de Dios en sus vidas. Es tu llamado servir a otros y facilitar encuentros con el Dios vivo. Tu deseo debe ser servir a los demás como Jesucristo sirvió a Sus discípulos, para que así sean capaces de hacer las obras de Jesús a través del poder del Espíritu Santo. Tu rol es el de convertirte en un siervo competente al edificar y equipar a otros con las verdades fundamentales y el poder del Reino de Dios. Este libro te ayudará a desempeñar ese rol.

Para poder desarrollar un ministerio profético sólido, cierta comprensión bíblica, histórica, y teológica debe ser adquirida. Dentro de este libro se analizarán varios temas relacionados con el ministerio profético. Por ejemplo, se presentará una visión general de las expresiones proféticas en el mundo antiguo con el fin de rastrear el ministerio bíblico del profeta. También, el ministerio profético será examinado desde un punto de vista hebraico, tal como se presenta en el Antiguo Testamento, así como también una visión general de la perspectiva del Nuevo Testamento tal como se presenta en los Evangelios y los escritos de Lucas y Pablo. Varios períodos de tiempo también se estudiarán a fin de comprender la actividad del ministerio profético en la iglesia. El ministerio profético se analizará desde un punto de vista teológico enfocándonos en la relación entre la profecía y la revelación, y su efecto sobre el ministerio profético, y también el debate cesacionista evangélico entorno al ministerio profético. Y, por último, se ofrecerá una descripción general de algunas perspectivas de cómo profetizar centrándonos en las áreas de los modos de recepción y comunicación o entrega de la profecía, y cómo probar y juzgar la profecía.

CAPÍTULO 1

EXPRESIONES PROFÉTICAS EN EL MUNDO ANTIGUO

"Antes de formarte en el vientre, ya te había elegido; antes de que nacieras, ya te había apartado; te había nombrado profeta para las naciones".

Jeremías 1:5 (NVI)

La historia de los profetas y la profecía es diversa, rica y no se limita a la iglesia cristiana ni a los hijos de Israel. Sus orígenes se pueden rastrear en la antigüedad, en las antiguas religiones del Cercano y Lejano Oriente, y dentro de las prácticas religiosas griegas y romanas. En este capítulo, la profecía y los profetas se analizarán en relación con las prácticas comunes en el antiguo Cercano Oriente en el mismo período de tiempo cuando el antiguo Israel se está desarrollando como una nación, y durante el periodo de la Iglesia temprana. Se prestará especial atención a las similitudes y diferencias entre las prácticas de estas culturas.

PROFECÍA DEL CERCANO ORIENTE FUERA DE ISRAEL

La profecía en la sociedad del antiguo Cercano Oriente era una práctica común.[2] Sus orígenes se pueden rastrear ya para el siglo diecinueve a.C. con la creencia de *presagios* y la práctica de *patrones de adivinación*. Por lo tanto, el fenómeno de la profecía no se limita a Israel, sino que su práctica ya estaba extendida por todo el antiguo Cercano Oriente.[3] Esto puede ser confirmado en el Antiguo Testamento (Núm 22, 24, 1 Reyes 18:19; Jer 27:8-11) y en varios documentos extra bíblicos. La evidencia más importante proviene de Mesopotamia, e incluye referencias a varios *médiums* en las *Cartas de Mari* del siglo dieciocho a.C., los *Viejos Oráculos Babilónicos Eshnunna* y una variedad de documentos neo-asirios del siglo diecisiete a.C.[4]

MESOPOTAMIA Y ASIRIA

La sociedad mesopotámica estaba sumergida en las prácticas proféticas. Para ellos, todos los episodios de la vida cotidiana estaban conectados a los fenómenos sobrenaturales. Por ejemplo, cuando se repetían simples eventos de la vida cotidiana, se pensaba que estos tenían alguna relación con la repetición de otros eventos. Si un búho voló por encima de alguien y la casa de alguna persona se quemó, la próxima vez que fuera visto un búho que volara sobre la cabeza de alguien se predecía que algún evento destructivo iba a ocurrir muy pronto.[5]

Había epecialistas proféticos o adivinos mesopotámicos llamados *bārû*, que se unían a escuelas o gremios. C.M. Robeck, Jr., explica que, después que los adivinos eran iniciados en la escuela, se les enseñaba el uso de los dados, la adivinación de aceite mientras se extendía sobre el agua, la interpretación de sueños, el examen y observación de las entrañas de animales sacrificados y otras "artes" comúnmente utilizadas en el oficio.[6] Robeck también señala que los asirios proveyeron un paralelo al "vidente" de Israel en la persona del *sabrû*.[7] El *sabru* también derivaba su mensaje de visiones y sueños.

Aún cuando es evidente que Israel utilizó muchas prácticas similares, como el echar la suerte (1 Sam 14:41-42), y la interpretación de sueños (Gén 40:5-8; 41:1-8; Deut 13:1-5; 18:10-11; Dan 2:1-11), algunas de estas prácticas eran reconocidas como formas de adivinación que eran expresamente prohibidas por Yahweh—nombre hebreo de Dios—(Gén 40:5-8; 41:1-8; Dan 2:1 - 11).

No obstante, a pesar de que las similitudes entre Israel y las culturas vecinas del antiguo Cercano Oriente son muy amplias, una diferencia significativa puede ser hallada. Como veremos en los capítulos siguientes, la actividad profética de Israel afirmó ser única porque se derivaba únicamente de Yahweh y a Yahweh. La prohibición de la adivinación, la sólida base ética de los escritos de los profetas y el Canon—el cual es único—de literatura profética de Israel son prueba de una identidad religiosa única.

ACTIVIDAD PROFÉTICA GRIEGA Y ROMANA

Los oráculos y la adivinación jugaron un papel importante en la vida de los griegos y los romanos desde los tiempos más remotos hasta el triunfo del Cristianismo en el siglo cuarto d.C. En la perspectiva greco-romana, en contraste con la del Judaísmo temprano, la revelación divina por lo general no se limitaba a una época pasada. Más bien la adivinación era un medio regular y continuo para determinar la voluntad de los dioses en casi cualquier tema imaginable.

En este sentido, David Aune define la adivinación greco-romana como "el arte o ciencia de interpretar mensajes simbólicos de parte de los dioses" y un oráculo como "los mensajes de los dioses en lenguaje humano y recibido como una declaración de parte de un dios usualmente en respuesta a preguntas".[8] El término oráculo era también usado como nombre del lugar donde los mensajes eran solicitados y recibidos.

La actividad de la adivinación y del oráculo en el mundo griego era asociada básicamente con los dioses Apolo en Delfos y Zeus en Dodona. Un mito señala que la profetisa del oráculo de Delfos cuando entraba en un trance, bajo el poder del dios Apolo—*quien era considerado como el dios de la profecía*—comenzaba a hablar lo que era considerado como ciertas expresiones sobrenaturales que luego eran interpretadas a la gente por un sacerdote de ese culto.[9] Robeck señala que en Delfos, "las mujeres que profetizaban eran jóvenes vírgenes que no tenían ningún entrenamiento previo; no tenían conocimientos técnicos y ningún talento que hubiese sido demostrado previamente que les capacitara a profetizar".[10] No obstante, éste señala que estas mujeres eran descritas alternativamente como siervas de sus dioses (*tō theō synestin*), profetisas (*prophētisin*) y como mánticas (*mantia*).

La ciudad de Éfeso, otra ciudad griega de esa época, era famosa por su magia y taumaturgia. Por ejemplo, la frase griega *Ephesia Grammata*—Cartas Efesias—se convirtió en una etiqueta genérica para todo tipo de palabras mágicas y encantaciones apotropaicas.[11] Esta ciudad también atrajo a exorcistas judíos, como lo vemos en Hechos 19:11-20, así como sus homólogos gentiles, tales como Apolonio de Tyana.[12]

EL ESTADO ROMANO Y LA ADIVINACIÓN

En Roma hubo una práctica estructurada de adivinación. Christopher Forbes señala que Roma tenía sus *colegios de agoreros*, los cuales observaban los cielos en busca de relámpagos para escuchar los truenos.[13] También señala que a mediados del siglo primero a.D., un senador romano llegó a publicar un almanaque sobre los significados de los truenos que ocurrían durante diferentes días. También Forbes señala que hasta el Estado mantenía lo que llamaban *la universidad o colegio de los quince.* Cuando el Estado romano se los ordenaba, estos consultaban e interpretaban los *Libros Sibilinos*.[14]

Los mánticos también fueron influyentes en Roma. En ocasiones, eran empleados por la familia imperial u otras personas eminentes. Por ejemplo, Nerón empleó a magos y a astrólogos, y Tiberio empleó a nigromantes locales.[15] En menor medida, habían varios adivinos técnicos, una clase de trabajadores por cuenta propia en la práctica privada. Entre ellos estaban los astrólogos, augures o agoreros, videntes de Isis y los intérpretes de sueños. También, los nigromantes y los adivinos quienes utilizaban recipientes de agua y espejos para producir visions.[16]

LOS ORÁCULOS DE DELFOS Y DE DODONA

En adición a las personas que trabajaban con los aspectos de la adivinación, como ya hemos mencionado, habían lugares donde cualquiera podía ir y recibir sueños oraculares y visiones—tales como Delfos y Dodona. En muchos de estos lugares no se necesitaba ningún intermediario en absoluto: las potencias oraculares del lugar era todo lo que se necesitaba. *La incubación y las visiones andantes* eran métodos comunes de adivinación. Por ejemplo, Forbes explica que en Pharae de Acaya, después de haber orado y hecho una donación en la estatua que se encontraba en la plaza del mercado, se cubrían los oídos y caminaban hasta salir de la ciudad. Entonces, estando afuera, se descubrían los oídos y tomaban como oráculo lo primero que escucharan.[17]

Se cree que en la antigüedad existían profetas independientes de los santuarios que eran fijos y de las estructuras ya establecidas. Sin embargo, la inspiración mántica era característicamente encontrada en los santuarios fijos. Por ejemplo, las mujeres en Delfos utilizaban un método en particular cuando se llevaban a cabo sus funciones religiosas, las cuales tenían que ver con su voluntad de actuar como intermediarias entre los dioses y los clientes que pagaban. Se dice que una mujer entraba a una cueva, la cual emitía gases, se sentaba sobre un trípode y recibía los gases en su cuerpo. Entonces entraba en un trance y comenzaba a profetizar.[18] La gente creía que los dioses entraban en los cuerpos de mujeres como ésta y se expresaban empleando sus bocas y sus voces como instrumentos suyos. Bajo tales circunstancias eran capaces de predecir el futuro.

Estas mujeres eran vistas como intermediarias entre los dioses y la gente; pero, a la misma vez, necesitaban una persona oracular, llamado "profeta"— προφήτης, *prophētēs*—que estaba con ellas para ayudar a toda aquella persona que necesitaba entender el significado de las expresiones de la mujer. Robeck señala que esta relación entre la mujer que trae la inspiración y el intérprete, puede proveer un paralelo muy útil para entender la relación entre el don de lenguas y el don de interpretación de lenguas, según fue descrito por Pablo en el libro de 1 Corintios capítulos 12 y 14.[19]

En resumen, el término *prophētēs*, mientras fue usado comúnmente por ambos, los grecorromanos y los cristianos tempranos, tuvo distintas acepciones—aunque en su aplicación encontramos un parecido en la figura del intermediario. Para los cristianos tempranos, el trasfondo de su uso se encontraba en el Antiguo Testamento, según inspirado por el Espíritu Santo, algo totalmente distinto en la cultura grecorromana.[20] En adición, los primeros cristianos no tenían una jerarquía sacerdotal ni rituales formalizados, tan solo una reglas bien simples de algunos procedimientos, no tenían lugares oraculares ni procedimiento requerido para asegurar un oráculo.[21] Algunas de estas diferencias tenían que ver con el fenómeno de cómo era la profecía cristiana temprana como tal, mientras que otras tenían que ver con cuestiones más amplias, tales como el rol del profeta dentro de su comunidad. De cualquier manera que lo veamos, la profecía en el cristianismo temprano tomó una forma muy diferente de la que tomó en el amplio mundo helenístico.

CAPÍTULO 2

EL MINISTERIO PROFÉTICO Y LA PROFECÍA HEBREA: UNA PERSPECTIVA ANTIGUO TESTAMENTARIA

"El SEÑOR envió a los hijos de Israel un profeta que les dijo:
Así dice el SEÑOR, Dios de Israel. . . ."

Jueces 6:8

A lo largo de la antigua Escritura hebrea, que hoy se llama el Antiguo Testamento, hay muchas narraciones e historias que presentan una tradición repleta de figuras místicas llamadas "profetas" que no sólo hablaron las palabras reveladas por Dios a Su pueblo, sino que también realizaron Sus obras poderosas. En este capítulo presentaré un panorama general del ministerio profético en el escenario de su fundación, la antigua historia religiosa hebrea según presentada en el Antiguo Testamento.

¿QUÉ ERA LA PROFECÍA?

La profecía en el Antiguo Testamento tomó muchas formas de expresión. En el antiguo Israel, varias formas de profecía fueron ampliamente utilizadas para expresar un mensaje o comunicación proveniente de Yahweh. En ocasiones, este mensaje fue dado a un profeta en la forma de un pensamiento, una visión (Gen 15:1; Núm 12:6; 1 Sam 3:1-15; 2 Sam 7:17; 1 Crón 17:15; 2 Crón 26:5; Salmo 89:19; Isa1:1; 6:1-13; Ezeq 1:1; Dan 1:17; 8; 10; Abdías 1; Nah 1:1; Hab 2:2), o un sueño (Gén 20:3; 37:5; 41:15; Jer 23:28; 23:32; Dan 4:19-33; 5:1-31; 7:1-28).

COMUNICACIÓN DE DIOS

En su forma más básica, la profecía del Antiguo Testamento consistía de una comunicación verbal comprensible de Dios transmitida a través de un medio de inspiración quien pudo haber sido designado como un profeta. También consistía de la interpretación de mensajes codificados de parte de Dios transmitidos por medio de varios tipos de símbolos. Sin embargo, *el Antiguo Testamento no define ni distingue el término profecía como tal.* Para poder realizar esta tarea, es necesario recurrir a la literatura del Antiguo Testamento, la cual presenta a los profetas como hombres y mujeres mediando visiones divinas y sueños a sus audiencias— individuos, grupos particulares, Israel, naciones extranjeras—por medio de palabras y símbolos.

SOLEMNE

En el Antiguo Testamento, la profecía era tomada con mucha seriedad.[22] La misma era aceptada como una comunicación que venía expresamente de parte de Dios, por lo que era extremadamente solemne no importando si era buscada como una consulta por iniciativa humana (1 Reyes 22:5-6) o por iniciativa de Dios, como en el caso de la confrontación de Moisés y de Aarón con el Faraón egipcio. En este aspecto tenemos que entender que para los judíos todo lo proveniente de parte de Dios era solemne, y aún el mero hecho de mencionar y hablar Su nombre era prohibido por no faltar al mandamiento de *"No tomarás el nombre del SEÑOR tu Dios en vano, porque el SEÑOR no tendrá por inocente al que tome su nombre en vano"* (Éxodo 20:7; Deut 5:11). Por lo tanto, ya sea que la profecía hubiese sido dada a un individuo en particular (1 Samuel 12:1-15) o proclamada corporativamente a personas reunidas en lugares sagrados (Amós 7:10-13), la misma era tratada con absoluto respeto y solemnidad porque se entendía que era Dios mismo, el Rey de reyes, el que estaba hablando a Su pueblo.

EXAMINADA

Las expresiones proféticas también fueron examinadas, probadas y juzgadas por el pueblo de Israel. Había ocasiones en que la profecía estaba prediciendo eventos y situaciones, por lo que se dice que era de carácter predictivo (1 Reyes 22; Isaías 37:26-37; Jeremías 25:11-12; 28:16-17; 31:27-40; Ezeq 12:8-13; 24: 2; Amós 5:27; Miq 5:2) y, por lo tanto, estaba sujeta a ser probada por su cumplimiento y realización, mientras que en otras ocasiones, era prescriptiva (Hageo 1:1-12) donde el profeta hablaba el mensaje de Dios en situaciones contemporáneas para su aplicación inmediata y, por lo tanto, era probada sobre la base de revelaciones ya existentes.[23] No obstante, cuando la expresión profética resultaba ser falsa, la credibilidad del profeta iba a ser puesta en duda y el supuesto profeta debía ser ignorado (Deuteronomio 18:15-22) o condenado a muerte (Deuteronomio 13:1-5).

400 AÑOS DE SILENCIO PROFÉTICO

En una serie de textos del Antiguo Testamento y de la literatura intertestamentaria, tanto en la Apócrifa como en la Pseudepigrafa, hay varios pasajes que sugieren que el espíritu profético cesó o dejó de funcionar por un período de tiempo (Salmo 74:9; Ezeq 13:9; Zac 13:2-6; Dan 3:38; 1 Mac 4:46; 9:27; 14:41; 2 Bar 85:3). Durante el período intertestamentario, los profetas canónicos no existían en la nación hebrea. La voz profética, la cual había sido muy activa en Israel, pareció haber caído en el silencio alrededor del año 400 a.C.; sus principales representantes fueron Hageo, Zacarías y Malaquías. No obstante, Hobart E. Freeman afirma que "se creía firmemente entre los hebreos del período comprendido entre los Testamentos, que la profecía iba a revivir en la era mesiánica y esto sobre la base de las expresiones que figuran en Joel 2:28-29. . .".[24]

En el Salmo 74:9, el salmista hace referencia a este período diciendo: "No vemos nuestras señales; ya no queda profeta, ni hay entre nosotros, quién sepa hasta cuándo". Del mismo modo, cuando el templo fue recapturado de los griegos por los Macabeos, desmantelaron el altar que había sido profanado y colocaron las piedras a un lado "hasta que surgiera un profeta que diera respuesta sobre el ellas" (1 Macabeos 4:46, BDJ).

Una simple lectura de estos pasajes parece apoyar el silencio de la profecía durante este período, sin embargo, Aune ha demostrado cuan compleja fue esta época al afirmar que había otros que profetizaron simultáneamente con estas mismas declaraciones.[25] Él afirma que el Salmo 74 se considera a menudo como que se originó durante el período de los Macabeos, y refleja la captura del templo por medio de los seléucidas o la destrucción del templo de Salomón en el año 586 a.C. cuando los profetas del templo pudieron haber perdido una gran cantidad de credibilidad ante los ojos del salmista.[26] Por lo tanto, los Macabeos estaban probablemente en búsqueda de un profeta específico que proporcionara liderazgo.

El período intertestamentario proporcionó una contribución significativa a la profecía del Antiguo Testamento con la aparición de la literatura apocalíptica y religiosa. Aunque el término apocalíptico no es el mismo que profecía, se relaciona con la misma. La palabra apocalipsis se deriva de la palabra griega *apokalupsis*— ἀποκάλυψις —la cual significa "revelación" o "descubrimiento".[27] Por esta razón, el libro Nuevo Testamentario de Apocalipsis a menudo es llamado el Apocalipsis de Juan y en la Biblia en español (castellano), "Apocalipsis".

El libro Antiguo Testamentario de Daniel es parte de la literatura apocalíptica de esta era. Sin embargo, hay varias obras no canónicas que emergieron durante este período, y muchas de ellas son seudónimos (Daniel 1, 2 Enóc, Apocalipsis de Abraham, etc.). Robeck señala que comúnmente estas obras apocalípticas se establecieron por "visiones" experimentadas por el escritor. También señala que las visiones fueron muchas veces interpretadas por un ángel o algún otro ser celestial y registradas por el autor de la obra apocalíptica, y regularmente estas visiones fueron registradas como verdades trascendentales dentro del marco teológico de la historia utilizando símbolos".[28]

EL ESPÍRITU SANTO Y LA PROFECÍA

El Espíritu Santo también jugó un rol importante dentro de la profecía del Antiguo Testamento. Jon Mark Ruthven señala que hay 128 referencias al Espíritu de Dios—en hebreo *ruach,* רוּחַ—en el Antiguo Testamento, y la mayoría de éstas se refieren a Su actividad milagrosa: 76 sobre revelación profética; 17 sobre liderazgo carismático; 15 sobre investidura del poder divino de sanidad, milagros, destrezas especiales, y así sucesivamente; 17 sobre una categoría especial de milagros incluyendo el sostenimiento de la vida.[29] También señala que en los once casos restantes de *ruach*, tal parece haber una metonimia por Dios. Un estudio del contexto del Antiguo Testamento muestra que el Espíritu está casi exclusivamente asociado con lo revelador y lo milagroso—i.e., lo profético—los actos de Dios, y el Nuevo Testamento repite este patrón Antiguo Testamentario del Espíritu con lo profético.[30]

Hay varias referencias en el Antiguo Testamento en las cuales la profecía vino del Espíritu de Dios (Núm 11:25-26; 24:2-3; 1 Sam 10:5-13; 19:20-24; 2 Samuel 23:1-2; 1 Reyes 22:24; 2 Crón 18:23; 20:14-15; 24:20; Miq 3:8; Zac 7:12). Por ejemplo, la profecía irrumpió momentáneamente entre los setenta ancianos de Israel, aquellos que fueron nombrados por Moisés. Él los sacó fuera del tabernáculo: *"Entonces el SEÑOR descendió en la nube y le habló; y tomó del Espíritu que estaba sobre él y lo colocó sobre los setenta ancianos. Y sucedió que cuando el Espíritu reposó sobre ellos, profetizaron; pero no volvieron a hacerlo* más" (Núm 11:25). En el verso 26, otros dos hombres, Eldad and Medad, quienes habían permanecido en el campamento, también profetizaron. *"Sin embargo, el Espíritu descansó sobre ellos y se pusieron a profetizar dentro del campamento"* (NVI). J. Rodman Williams señala que esta narrativa es importante porque enseña que el Espíritu de Dios no puede ser limitado a un lugar o a una ocasión en particular, porque el Espíritu sopla cuando y donde Él quiere.[31]

Uno de los ejemplos más impresionantes de la profecía del Antiguo Testamento se produjo cuando Balaam, oriundo de Mesopotamia, profetizó cuando el Espíritu de Dios vino sobre él (Núm. 24:2-3). Sin embargo, es importante señalar que la profecía estaba directamente relacionada con Israel. Se trataba de una operación del Espíritu conectada directamente con la comunidad de fe.

En 1 Samuel 10:9-13 el Espíritu de Dios vino sobre Saúl inmediatamente después que fue ungido como rey de Israel y éste profetizó. Bajo esta misma perspectiva, David también profetizó por el Espíritu de Dios. Cuando fue ungido como rey, el Espíritu de Dios vino sobre él con poder, y este evento también contó con una unción profética (2 Samuel 23:1-2).

En resumen, la palabra del Señor vino por la capacitación del Espíritu Santo de Dios. En la mayoría de los casos, el derramamiento del Espíritu Santo, sobre ciertos individuos, era asociado a la manifestación de expresiones proféticas. Por lo tanto, en el Antiguo Testamento podemos ver una estrecha relación entre la manifestación del Espíritu Santo y la profecía.

¿QUÉ ERA UN PROFETA?

ROEH Y KHOZEH

El Antiguo Testamento utiliza tres términos hebreos para describir y referirse a un profeta: *ro'eh*—הרֹ, —*khozeh*—חוֹזֶה,— y *navi'*—נביא".[32] Ambos términos *roeh* y *khozeh* se refieren a un "vidente" o "visionario". Leon Woods propone que "estos términos se refieren al aspecto de revelación del trabajo del profeta, cuando escuchaba de parte de Dios y discernía Su voluntad".[33] En esta misma línea de pensamiento, Ernest Gentile indica: "Los dos términos hebreos traducidos vidente enfatizan el elemento subjetivo—una recepción personal de la revelación divina por medio de visión".[34] Pero Walter Kaiser ofrece la definición más clara de estos dos términos cuando indica que " *roeh* es uno que se le es dado ver asuntos del pasado, presente y el futuro [i.e., un 'vidente']. Un *khozeh* es uno que se le ha dado su mensaje en una visión [i.e., un 'visionario'].[35]

NAVI

El término *navi'* es la expresión más común para profeta utilizada en el Antiguo Testamento, pero al mismo tiempo la más difícil de definir por su derivación incierta.[36] Una definición básica para este término es dada por Gentile: "un vocero o portavoz autorizado de Dios, un mensajero".[37] Aune expresa que *navi'* es una palabra que etimológicamente significa "uno que es llamado", pero que vino a significar, "el que habla de parte de; portavoz de Dios", uno que "proclama".[38]

Durante el período monárquico—1000-586 a.C.—el término *navi* comenzó a desplazar los términos antiguos de *roeh, khozeh* (1 Sam 9:9), aunque los tres continuaron siendo usados intercambiablemente (2 Sam 24:11; 2 Reyes 17:13 [cf. 1 Crón 21:9]; Isa. 23:10; Amós 7:12).[39] Este término fue traducido al griego en la Septuaginta como προφήτης—*prophētēs*—la cual es la misma palabra usada en el Nuevo Testamento para profeta. Es una palabra griega combinada que viene de *pro*—προ, "antes" o "por" y de *phēmi*—φήμι, "hablar"—por lo tanto, el profeta es aquel que habla antes o por en el sentido de proclamar, o aquel que habla por, i.e., en el nombre de Dios.[40]

PORTAVOZ DE DIOS

Por lo tanto, todos estos términos indican que un profeta es *alguien que recibe una revelación divina de parte de Dios—a través de una visión u otro medio—del pasado, presente y futuro con el fin de declarar, proclamar, y dar a conocer las palabras y la voluntad de Dios.* Él es un portavoz de Dios, sea cual sea la forma en que recibe una revelación de Dios. Como John y Paula Sandford expresan: "un profeta es alguien cuya boca ha sido tocada para hablar en nombre de Dios". [41]

En el Antiguo Testamento los profetas pueden ser vistos como mensajeros de parte de Dios. Fueron enviados a hablar a hombres y mujeres aquellas palabras que habían sido habladas por Dios (2 Sam 12:25; Hageo 1:13; Abdías 1:1). En este sentido, un verdadero profeta es conocido "como el que el SEÑOR en verdad ha enviado" (Jer 28:9). No obstante, los falsos profetas son aquellos que no han sido enviados por Dios (Jer 29:9; Ezeq 13:6).

Wayne Grudem señala que los profetas del Antiguo Testamento ministraban con absoluta autoridad divina de parte de Dios.[42] Para él, sus palabras eran las palabras de Dios porque hablaban las palabras exactas pronunciadas por Dios mismo. Esa es la razón por el cual utilizaban expresiones en primera persona al profetizar: "Así dice Él Señor. . ." (2 Sam 7:4-16; 1 Reyes 20:13, 42; 2 Reyes 17:13; 19:25-28, 34; 21:12-15; 22:16-20; 2 Crón 12:5).

Por consiguiente, la autoridad divina y la profecía están íntimamente relacionadas con la evaluación del ministerio profético en el Antiguo Testamento. En cierto modo podemos decir que *las expresiones proféticas en el Antiguo Testamento no eran "juzgadas" o "evaluadas".*[43] Por el contrario, *los profetas eran los "juzgados".* Si ellos resultaban ser falsos profetas eran condenados a muerte (Deuteronomio 18:20).

Cuando el pueblo de Israel escuchaban una palabra profética de la boca de un profeta, estaban absolutamente convencidos que esas palabras provenían de Dios mismo. Creían que el profeta tenía autoridad divina que venía de Dios, por lo tanto, obedecían sus palabras sabiendo que si las desobedecían estaban desobedeciendo a Dios mismo (Deut 18:19; 1 Sam 8:7; 15:3, 18, 23; 1 Reyes 20:36; 2 Crón 25:16; Isa 30:12-14; Jer 6:10-11, 16-19). Si el pueblo no le creía al profeta, eso significaba que no reconocían autoridad divina en él y, por consiguiente, era un falso profeta.

LOS ROLES DE LOS PROFETAS EN EL ANTIGUO TESTAMENTO

En el Antiguo Testamento los profetas realizaron varias funciones importantes: fueron figuras políticas que ungieron reyes (1 Samuel 16:13, 1 Reyes 19:15), asesores militares (1 Reyes 22, 2 Reyes 3), censuraron el comportamiento poco ético de reyes y del pueblo de Israel (1 Samuel 15:10-35, 1 Reyes 18:20-40; 21:17-29) y destronaron a algunos de los gobernantes de Israel (1 Samuel 15:28, 1 Reyes 14:07 - 18; 21:19). Como agentes y defensores de Yahweh, se opusieron a la apostasía y al sincretismo religioso.[44]

La Escritura traza el origen de la historia de la profecía en Israel hasta llegar a Moisés, el paradigma del ministerio profético Antiguo

Testamentario (Deut 34:10). Los sucesores del ministerio profético de Moisés mencionados en los libros de Samuel y Reyes incluyen a profetas tales como Samuel, Gad, Natán, Micaías, Elías, Eliseo, y Hulda. Estos profetas continuaron el rol mediador ejercido por Moisés primera vez.[45]

Los eventos realizados por Moisés y Aarón en Éxodo 4:10-16 (cf. 7:1-2) nos proporcionan una perspectiva bíblica de los orígenes de la profecía y del ministerio profético. Una interpretación básica de este texto muestra que *el profeta es esencialmente una persona que habla en nombre de otro, un mediador*. Dios ordenó a Moisés que contara con la ayuda de Aarón para transmitir Su mensaje cuando Moisés rechazó Su petición por la razón de que tenía un impedimento en el habla. Moisés le daría a Aarón el mensaje que éste le debía entregar al faraón. Él tenía un rol de mediador: ante Faraón, Moisés aparece como Dios, mientras que Aarón hacía las veces de la "boca" del "profeta". Por consiguiente, la narrativa bíblica presenta un rol muy importante de un profeta como alguien que media entre Dios y el pueblo.

TIPOS DE PROFETAS DEL ANTIGUO TESTAMENTO

Los profetas del Antiguo Testamento se pueden clasificar en cuatro tipos diferentes: chamánicos, de culto o del templo, de la corte, y profetas libres.[46]

PROFETAS CHAMÁNICOS

Los *profetas chamánicos*, ejemplificados por figuras como Samuel, Elías y Eliseo, combinan las características del hombre santo, el sabio, el que obra milagros y el vidente (1 Sam 9, 1 Re 17, 2 Reyes 1:2-17; 6:1-10). Este tipo de profeta estaba estrechamente relacionado con los lugares sagrados y rituales religiosos (1 Samuel 7:17; 9:11-14; 10:5) y podía combinar las funciones de sacerdote y profeta, como Samuel (1 Samuel 02:18 -20, 3:1, 19-20).

Los *profetas chamánicos* eran básicamente profetas itinerantes[47] que se movían con frecuencia y con bastante libertad. Vivían de los donativos y las ofrendas de aquellos a quienes servían. Al profeta principal le era dado el título de *"padre"* (1 Samuel 10:12, 2 Reyes 2:12; 6:21; 13:14) y presidían los colegios o escuelas proféticas llamadas *"hijos de los profetas"* (1 Reyes 20:35, 2 Reyes 2:3, 5, 7, 15, 4:1, 38; 5:22; 6:1; 9:1; Amos 7:14).[48] Es interesante señalar que tanto Samuel como Eliseo presidieron estas escuelas proféticas (1 Samuel 19:20, 24; 2 Reyes 4:38, 6:22). Estos profetas chamánicos a menudo profetizaban en grupos[49] (1 Samuel 10:5; 19:20, 1 Reyes 18:17-29; 22:5-10) y llevaban un traje distintivo, un manto de piel de oveja peluda o de piel de cabra y un delantal de cuero (2 Reyes 01:08; Zac 13:4). En adición, en ocasiones practicaban en un sistema de sucesión profética (2 Reyes 2:9-15; Deuteronomio 18:15-19).

PROFETAS DE CULTO O DEL TEMPLO

Los *profetas de culto o del templo* eran profetas asociados con las prácticas del culto del templo. Este tipo de profeta difería de los profetas chamánicos como Samuel en que su oficio era inseparable de los lugares sagrados y los rituales religiosos. Profetas tales como Ezequiel y Jeremías son considerados como este tipo de profeta, porque eran asociados con el sacerdocio (Ezeq 1:1; Jer 1:1).

En el Antiguo Testamento se menciona a menudo a los sacerdotes y a los profetas juntos, como si hubiesen compartido una actividad común (2 Reyes 23:2; Isa 28:7, Jer 02:26; 23:11; 26:7-8, 11, 16, 29:1; Lam 2:20; Os 4:4-5; Esdras 5:1-2). Dado que los sacerdotes estaban unidos principalmente a los santuarios y al culto del templo en Jerusalén, hay una fuerte presunción de que los profetas eran también funcionarios de culto.[50] Esto se puede ver con el profeta Amós, que, a pesar de que era un nativo de Judá, viajó al santuario israelita de Betel a profetizar (Amós 7:10-13). También, la visión inaugural del profeta Isaías tuvo lugar en el templo de Jerusalén (Isaías 6:1-13). Jeremías también frecuentaban el templo en Jerusalén donde daba mensajes proféticos a los sacerdotes y al pueblo (Jeremías 26:2, 7; 27:16-22; 28:1, 5). Hageo y Zacarías trabajaron estrechamente con Zorobabel y el sacerdote Josúa, hijo de Josadac, en la reconstrucción del templo (Esdras 5:1-2).

En el período antes del exilio, los profetas cuyo ámbito ministerial era el templo de Jerusalén, estaban aparentemente bajo la autoridad del sumo sacerdote (Jeremías 29:26-27). Muchos salmos que eran parte del ritual del templo parecen haber tenido un origen profético, es decir, fueron expresados en las formas de expresión característica de los profetas.[51]   En adición, profetas como Joel, Nahúm, Habacuc, Sofonías parecen haber utilizado las formas litúrgicas como vehículo literario para sus profecías.   Por consiguiente, es probable que existiera una relación formal entre algunos profetas y el culto del templo en Jerusalén.

PROFETAS DE LA CORTE

Los *profetas de la corte* eran profetas relacionados con los reyes y monarcas.[52] En tiempos de guerra o ante una inminente batalla, los profetas de la corte entregaban profecías, que muchas veces no eran solicitadas, a los reyes de Israel (1 Reyes 20:13-15, 22, 28, 35-42 , 2 Reyes 6:8-10, 15-53; 2 Crón 12:5-8; 15:1-7; 16:7-10; 19:2-3; 20:13-17; 20:37; 21 :12-15; 24:20; 25:7-8,14-16).   No obstante, los profetas fueron solicitados con bastante frecuencia por gobernantes que deseaban consultar al Señor por medio de ellos (1 Samuel 28:5-6; 1 Reyes 22:5-6, 15-17, 2 Reyes 3:11-20; 13:14-19).

La relación específica de los profetas de Yahweh con los reyes y sus cortes no está clara en el Antiguo Testamento.   Sin embargo, menciona profetas como Gad "vidente del rey" (2 Samuel 24:11; 1 Crón 21, 2 Crón 29:25), el cual es un título que indica una posición oficial en la corte del rey.   El cronista menciona también Asaf, Hemán y Jedutún como videntes del rey David (1 Crón 25:5; 2 Crón 35:15). Además, Natán funcionó como un profeta de la corte de David (2 Samuel 7:4-17; 12:1-17; 1 Reyes 1:08, 10, 22-37).

PROFETAS LIBRES

Los *profetas libres* no eran miembros asalariados de la corte real o de la organización del templo. Isaías, Jeremías, Ezequiel y Miqueas, entre otros, pueden ser considerados profetas libres. A diferencia de los profetas reales y de culto que funcionaban para mantener y preservar las costumbres sociales tradicionales y religiosas y los valores de Israel, los profetas libres se encontraban en la periferia institucional de la sociedad israelita en la que intentaron provocar cambio social y religioso.[53] Ellos pueden ser vistos como un tipo de reformadores.

Los profetas libres actuaron independientemente de las estructuras de autoridad existentes. Alegaban que tenían autoridad divina para llamar a Israel a regresar a las tradiciones de pacto antiguas según las entendían y las interpretaban. También afirmaron que, en lugar de los reyes o los sacerdotes, ellos eran quienes entendían correctamente la voluntad del Rey divino, Yahweh.[54] Baltzer observa que el título de "rey" no es aplicado al gobernante israelita por una serie de profetas como Isaías, Jeremías, y Ezequiel, sino más bien el título se lo aplicaban a Dios, y el oficio de profeta era colocado por encima de los reyes israelitas.[55]

CAPÍTULO 3

EL MINISTERIO PROFÉTICO Y LA PROFECÍA: UNA PERSPECTIVA NUEVO TESTAMENTARIA

"Y Él mismo constituyo a unos. . . profetas. . . ".
Efesios 4:11 (RV60)

El ministerio profético en el Nuevo Testamento tuvo un papel muy importante. Esto se puede ver en las narrativas de los Evangelios, Jesús y Sus obras y las epístolas de Pablo. En adición, algunos de los documentos más importantes acerca de la profecía, los cuales eran una parte vital de la iglesia temprana, vinieron de los escritos de Lucas y del apóstol Pablo. En este capítulo, el ministerio profético y la profecía se presentarán a la luz de los autores del Nuevo Testamento. Además, se hará una exégesis de Efesios 4:11-12, un pasaje fundamental de la perspectiva ministerial de Pablo.

JESÚS COMO PROFETA

Comúnmente se pensaba que el don de profecía había cesado después del período post-exilio temprano. Ni a los profetas chamánicos ni a los profetas profesionales de culto se les reconoció el que ejercitaran el don de profecía (Salmo 74:9; Zacarías 13:2-6; 2 Baruc 85:1-3). Aune señala que "en el judaísmo primitivo la designación 'profeta' estaba reservada normalmente para los profetas de Israel del pasado distante y a una variedad de figuras proféticas que se esperaba que aparecieran inmediatamente antes del final de la era".[56] Sin embargo, después del silencio de la voz de Dios y la desaparición de la actividad profética durante cientos de años, el Nuevo Testamento comienza con las narrativas de dos hombres que actuaron como profetas del Antiguo Testamento, Juan el Bautista y Jesús.

JESÚS, UN PROFETA COMO ELÍAS

Los Evangelios presentan a Jesús como un profeta. Sus acciones alertan a la gente del hecho de que Él es más que un maestro. Él es reconocido como un profeta (Lucas 7:16); como uno de los profetas de la antigüedad (Lucas 9:19). Roger Stronstad señala que "esta reputación de ser un profeta, la cual Él se ha ganado por el carácter de Su ministerio, hace eco de Su propia conciencia, porque comenzó Su ministerio público identificándose con dos profetas carismáticos, Elías y Eliseo (Lucas 4:25-27)".[57] Stronstad va más allá al decir que "al igual que Eliseo, como heredero y sucesor de Elías, así Jesús también realiza el mismo tipo de milagros que Elías realizó antes que Él, y así también en Hechos los discípulos, como herederos y sucesores del ministerio profético de Jesús, realizarán el mismo tipo de milagros que Jesús realizó: sanar los enfermos, echar fuera demonios, y hasta resucitar a los muertos".[58] Por lo tanto, el análisis es el siguiente: así como Jesús es un profeta carismático como lo fue Elías, así también los discípulos son como lo fue su discípulo Eliseo, porque al igual que su maestro, ellos tienen el mismo poder que Jesús tenía. Entonces, porque ellos hacen los mismos milagros que Jesús hizo, estos son una compañía de profetas carismáticos también, como lo fueron Elías y Eliseo.

JESÚS, EL MINISTRO PROFÉTICO POR EXCELENCIA

Los estudiosos también han identificado a Jesús como *"un"* profeta haciendo referencia a cualquiera de toda una serie de profetas enviados por Dios, y también como *"el"* Profeta, un profeta muy ungido y especial, la figura mesiánica hebrea.[59] Sin embargo, James Dunn señala: "No está claro el que Jesús (o Juan) fuera considerado como el profeta escatológico por sus contemporáneos, pero, el que se conociera a Jesús como *un* profeta, o como *el* profeta, tal reconocimiento de que el don de profecía había vuelto a reaparecer en Jesús, es significativo en sí mismo.[60]

Ciertamente Jesús tenía la reputación de un profeta durante Su ministerio terrenal. De acuerdo a Marcos 6:14-15, los milagros realizados por Jesús y Sus discípulos llevaron a algunas de las personas a sospechar que Él era o Juan el Bautista o Elías o alguno de los profetas. En adición, en los Evangelios de Mateo y Lucas las multitudes aceptaron el estatus profético de Jesús (Mateo 21:10-11, 46; Lucas 7:16, 39; 24:19) y en el Evangelio de Juan las multitudes expresaron que Jesús "es el profeta que había de venir al mundo" (Juan 6:14; 7:40, 52).

Brad Young afirma esta posición en la que Jesús se le reconoce como un profeta por el pueblo.[61] Éste señala que Jesús fue reconocido como un profeta porque actuó de acuerdo con las expectativas de los creyentes del período del segundo templo las cuales sostenían que un profeta era un obrador de milagros. Para los judíos de esa época, un profeta no decía profecía meramente, sino que también realizaba muchos milagros como lo hizo Moisés en la Torah. Así que le reconocieron en Jesús el ministerio profético de un obrador de milagros.

Los Evangelios presentan también que Jesús se consideraba a Sí mismo como un profeta. Él estaba consciente de la unción y el poder del Espíritu Santo en Su vida. Es interesante que dentro del judaísmo los que tenían el Espíritu de Dios eran los profetas,[62] y esto coloca a Jesús dentro de ese exclusivo grupo antiguo testamentario. Sus milagros eran evidencia de Su ministerio profético. No obstante, la gente reaccionó a Su ministerio de acuerdo con el desprecio ejemplificado hacia la tradición profética: *"En todas partes se honra a un profeta, menos en su tierra, entre sus familiares y en su propia casa"* (Marcos 6:4, NVI). ¡Desprecio que todavía es experimentado por muchos profetas hoy!

El ministerio profético de Jesús puede ser visto en Su visión y perspectiva profética. Él poseía la capacidad de acercarse y entrar dentro de los pensamientos y los motivos más íntimos de aquellos que estaban cerca de Él (Mateo 12:15, Marcos 2:5, 8; 3:4, 16; 9:33; 12:15, 43; 14:18, 20 ; Lucas 7:39; 19:5; Juan 1:47; 2:24; 4:17). Dunn señala que "esta habilidad de poner al descubierto los secretos del corazón era considerada por Pablo como el carisma distintivo que marcó el don de profecía y que parece haber sido considerada como la marca del profeta por los contemporáneos de Jesús según Lucas 7:39".[63]

Particularmente, la característica más distintiva del ministerio profético de Jesús fue su visión profética. Por ejemplo, previó su muerte y predijo acontecimientos futuros. Declaró muchas profecías sobre determinados individuos y lugares, lo que sin duda son marcas de un profeta. Sin embargo, muchas de estas profecías tuvieron revelaciones momentáneas del futuro, lo cual es una característica distintiva del ministerio profético del Nuevo Testamento (Marcos 5:36, 39; 10:39; 13:02; 14:08, 25 30).

En resumen, en los Evangelios, Jesús es explícitamente llamado un profeta. Él encarnó la presencia de Dios al obrar señales y maravillas. Al igual que con los profetas del Antiguo Testamento, Él también se caracterizó por ser rechazado por Su pueblo, lo que en última instancia le condujo a su muerte en la cruz (Lucas 13:33). Así que, Él fue, y es, la máxima expresión y el epítome del ministerio profético.

PERSPECTIVA DE LUCAS: UNA COMUNIDAD
DE PROFETAS

En el libro de los Hechos, Lucas, "el médico amado" (Col. 4:14), proporciona un registro histórico del ministerio profético en la Iglesia del primer siglo. Algunos de los relatos más significativos del Nuevo Testamento, sobre el ministerio profético, provienen de este libro (Hechos 1:15, 2:4, 17-18; 8:29-39; 9:10-17; 10:9-48; 11: 1-18, 27-28, 13:1-4, 8-12; 15:25-26, 32; 16:6-7; 19:06; 20:22-23; 21:4, 9, 10 - 11). La evidencia presentada en los Hechos es prueba firme y convincente de que en la Iglesia temprana el ministerio profético estaba *operacional, en funcionamiento*, y que los primeros líderes cristianos esperaban que este ministerio continuara a lo largo de la vida de la Iglesia.

EL MINISTERIO PROFETICO EN LA IGLESIA TEMPRANA

Mediante el uso de ejemplos concretos de la vida cotidiana, Lucas proporciona una serie de retratos o ilustraciones que revelan mucho acerca del ministerio profético. En este sentido, James Shelton comenta que "Lucas muchas veces estaban señalando al rol del Espíritu Santo en la ejecución de los milagros y en testimonios inspiradores".[64] Por ejemplo, Lucas describe la actividad profética como una *normal* y *de gran alcance* entre las iglesias de la época (20: 23; 21:4, 9, 11). Por otra parte, algunos cristianos practicaban con regularidad el profetizar y varias personas fueron identificadas como "profetas": Agabo (11:27-28; 21:10-11), Judas y Silas (15:32), las cuatro hijas doncellas de Felipe, el evangelista (21 :8-9), y al menos dos de los cinco hombres en Antioquía (13:01)—Bernabé, Simón llamado Niger, Lucio de Cirene, Manaén el que se había criado junto a Herodes, el tetrarca, y Saulo.

UNA COMUNIDAD PROFÉTICA

Uno de los aspectos más importantes del ministerio profético descrito por Lucas es que la profecía es una manifestación del derramamiento del Espíritu durante esa época (2:16-21). Para Lucas, la Iglesia de Jesucristo, la cual que se componía de creyentes judíos y gentiles, se convirtió en la nueva Israel de Dios anhelada por Moisés (Números 11:29) y predicha de antemano por Joel (2:28-32); vino a ser una *comunidad profética*.[65]

Stronstad señala que "la propagación del Espíritu de profecía es co-extensiva con la propagación del Evangelio y consistente con el oráculo de Joel el cual Pedro aplica al derramamiento del Espíritu en el día de Pentecostés (Hechos 2:14-21)".[66] Con el derramamiento del Espíritu, los discípulos y los primeros creyentes se convirtieron en una comunidad de profetas llenos del Espíritu Santo. Stronstad continúa diciendo: "La doctrina de Lucas sobre el pueblo de Dios establece que comenzando con Jerusalén y co-extensivo con la propagación del Evangelio, estos se convirtieron en la comunidad escatológica de los profetas—así como se habla del sacerdocio de todos los creyentes, estos llegaron a ser *el ministerio profético de todos los creyentes*"[67] De este modo, Lucas describe que el ministerio profético ya no está limitado a un individuo o a un grupo selecto—los profetas del Antiguo Testamento—sino que ahora es una realidad para toda la gente de Dios—una nación auténtica de profetas.

UNA PERSPEPCTIVA PAULINA: PROFECÍA PASTORAL

El apóstol Pablo le daba gran importancia al don profético y al ministerio profético. Como ningún otro autor de la Biblia, éste desarrolló todo un enfoque teológico para la comprensión y la práctica de este ministerio. A diferencia de Juan, que ejerció una perspectiva apocalíptica de la profecía, Pablo se enfocó en una mucho más *pastoral*. Esta perspectiva se ve en la manera en que se define el ministerio profético, la profecía, y el propósito de su contenido. Por lo tanto, a pesar de que hay muchos textos en los que Pablo menciona la profecía, este trabajo se centrará en Efesios 4:11-12 y 1 Corintios 14:1 porque ellos son el punto focal del ministerio profético en la iglesia. Veamos los siguientes textos:

> Y Él dio a algunos el ser apóstoles, a otros profetas, a otros evangelistas, a otros pastores y maestros, a fin de capacitar a los santos para la obra del ministerio, para la edificación del cuerpo de Cristo (Efesios 4:11-12).[68]

> Procurad alcanzar el amor; pero también desead ardientemente los dones espirituales, sobre todo que profeticéis. . . . Pero el que profetiza habla a los hombres para edificación, exhortación y consolación (1 Cor 14:1, 3).[69]

EL OFICIO PROFÉTICO

Al interpretar a Efesios 4:11-12 es importante observar la gramática y la sintaxis en el texto. Por ejemplo, el versículo 11 se lee en griego, "Καὶ αὐτὸς ἔδωκεν τοὺς μὲν ἀποστόλους, τοὺς δὲ προφήτας, τοὺς δὲ εὐαγγελιστάς, τοὺς δὲ ποιμένας καὶ διδασκάλους."[70] "Y Él dio a algunos el ser apóstoles, a otros profetas, a otros evangelistas, a otros pastores y maestros".

DADO POR DIOS

El verbo ἔδωκεν,—*edoken*—que significa "dar," está en el modo indicativo y el tiempo aoristo[71] afirmando la realidad de una acción y expresando una acción punctiliar en el pasado.[72] Pablo está expresando que Dios dio apóstoles, profetas, etc.—una acción específica y verdadera realizada por Dios en el pasado. Ya fueron dados por Dios, en un momento específico y exacto en el tiempo, lo que significa que son reales y ordenados por Dios.

Pablo parece continuar esta línea de pensamiento del 4:8, ἔδωκε δόματα τοῖς ἀνθρώποις—*edoke domata tois antropois*—"Y dio dones a los hombres". Los apóstoles, profetas, evangelistas, pastores y maestros son "dados" como "dones" por Jesús a la Iglesia. Los "dones" que Cristo da a la Iglesia—en algunos círculos son llamados *Dones de la Ascensión* y en otros los *Cinco Ministerios*—son ciertos individuos específicos dados por Dios mismo *para promover el servicio y la edificación de la comunidad de creyentes*. Cristo mismo suple estos ministros u oficios dotados para así poder ayudar a Su pueblo a desarrollarse y funcionar efectivamente como debieran. Es apropiado llamarles "oficios, oficiales, agentes o funcionarios".[73] Markus Barth señala que "por Su don, el Cristo exaltado establece orden y le da a la iglesia una constitución. Un don, e institución, o carisma y oficio, no son alternativas mutuamente exclusivas; son combinados e inseparables".[74]

Por consiguiente, los ministerios establecidos en la Iglesia son, por así decirlo, dados por Dios y, por lo tanto, pertenecen y son propiedad de Jesucristo. ¡Aleluya! Cristo es el que da y nombra en la Iglesia sus oficios, oficiales, funcionarios o ministerios, y el ministerio profético es uno de ellos. Juan Calvino lo describe de la siguiente manera: "Es Él quien los dio; porque si Él no los levantara, no habría ninguno. Otra inferencia es que ningún hombre va a estar calificado o igualado para un oficio tan distinguido el cual ha sido formado y hecho por Cristo mismo. El que tengamos ministros del Evangelio, es Su don; el que sobresalgan en los dones necesarios, es Su don; el que ejecuten la confianza puesta en ellos, es también Su don".[75]

PROFÉTES

Los profetas son unos de los enumerados por Pablo en el versículo 11. La palabra προφήτας—*profétas*—proveniente de la palabra προφήτης—*profétes*—la cual significa profeta,[76] y expresa el mismo concepto que el término utilizado en el Antiguo Testamento para la palabra *navi*. Es una palabra griega combinada que proviene de *pro*—"antes" o "por"—y *phēmi*—"hablar". Por lo tanto, un profeta es uno que habla antes en el sentido de una proclamación, o el que habla por, es decir, en el nombre de Dios".[77]

En este sentido, el Padre de la Iglesia, Juan Crisóstomo, al interpretar este versículo distingue a los profetas de los maestros por esta declaración: "El que profetiza, todo lo que emite proviene del Espíritu, mientras que el que enseña, algunas veces diserta de su propio entendimiento".[78] Entonces podemos afirmar que los profetas son ministros que son voceros o portavoces directos de Dios.

En adición, se puede afirmar que en este versículo Pablo no tenía la intención de expresar que los profetas iban a desaparecer. Barth afirma: "En Efesios 4:11 se asume que la iglesia en todo momento necesita el testimonio de los 'apóstoles' y de los 'profetas'. El autor de esta epístola no anticipó que la ministración inspirada y entusiasta iba a ser absorbida por, y a 'desaparecer' en oficios estériles del Espíritu Santo y desprovistos de cualquier referencia a las cosas espirituales. Efesios 4 no contiene la más mínima insinuación de que el carácter carismático de todos los ministerios de la iglesia fue restringido a un determinado período de la historia de la iglesia y que más tarde muriera".[79] Aún Calvino no esperaba que este ministerio muriera porque lo equiparaba con el ministerio del maestro: "Pero por mi parte, ya que la doctrina es el tema que nos ocupa, yo más bien explicaré que en 1 Corintios 14, el significado destacado de intérpretes de profecías, quienes, por un don único de revelación, lo aplicaron al tema en mano; pero yo no excluyo el don de predicción, en la medida que esté conectado con la enseñanza".[80]

EL PROPÓSITO DEL OFICIO PROFÉTICO

Pablo también expresa en el capítulo 4 versículo 12 de la carta a los Efesios que los ministerios son dados por Dios "a fin de capacitar a los santos para la obra del ministerio, para la edificación del cuerpo de Cristo"—"πρὸς τὸν καταρτισμὸν τῶν ἁγίων, εἰς ἔργον διακονίας, εἰς οἰκοδομὴν τοῦ σώματος τοῦ χριστοῦ."[81]

PARA CAPACITAR

El sustantivo griego καταρτισμὸν—*katartismon*—el cual significa *capacitar*, perfeccionar o *equipar*, existe solamente aquí en el Nuevo Testamento. Se deriva de un verbo que significa "reconciliar" (partidos políticos), "fijar huesos" (en una cirugía ortopédica), o de una forma más general "restaurar", "preparar", "crear".[82] Este sustantivo describe el acto dinámico por el cual las personas o las cosas están debidamente condicionadas.[83]

Los profetas como capacitadores de la Iglesia hablan de la grandeza, majestad, y la supremacía de Dios. Funcionan con un propósito fundacional al recibir la revelación de Dios y comunicarla a los creyentes con el fin de que puedan ser maduros, saludables, fortalecidos con verdad y confianza, y crecer cada vez más a la imagen de Cristo. Por medio de sus actos despiertan a la Iglesia a entrar en crecimiento y servicio; por medio de su aporte y liderazgo, modelan el servicio e inspiran a la gente a servir a Dios.

Paul L. King señala que los profetas—*translocales y locales*—equipan a la Iglesia por medio de edificar, animar, proveer dirección y discernimiento.[84] Los profetas equipan a la Iglesia al escuchar, entrenar y movilizar a otros a oír la voz y el corazón de Dios, y también por medio de la exhortación. King propone que los profetas cristianos equipan de ocho maneras trayendo restauración, la Palabra de Dios, discernimiento del Espíritu, carácter, oración, guerra espiritual, destrezas ministeriales y equipando y capacitando a otros. Traen restauración al alentar y restaurar relaciones con Dios. Por medio de la Palabra de Dios traen nueva iluminación y una interpretación sólida de la Escritura. Tienen una unción especial del Espíritu Santo para manifestar señales y prodigios. También disciernen conversiones que son verdaderas, tienen los dones de la palabra de ciencia y de sabiduría, entrenan a otros a escuchar la voz de Dios y traen dirección.[85]

Los profetas también equipan—perfeccionan, capacitan—a través de su carácter al exhortar, edificar, y disciplinar a los creyentes. Por medio de la oración modelan cómo orar y cómo recibir la revelación del Espíritu Santo. En la guerra espiritual traen discernimiento sobrenatural, poder, encuentros espirituales y liberación. Mejoran, aumentan e intensifican las habilidades ministeriales al enseñar al cuerpo de Cristo cómo escuchar a Dios y profetizar al ser mentores y disciplinar. Y, por último, los profetas también equipan a través de las escuelas de los profetas y la mentoría.[86]

En este sentido, Paula Price comenta: "Con sus facultades proféticas, los profetas residentes o profetas de Iglesia enseñan al rebaño acerca de lo ordenado por Dios proféticamente y le ayuda a determinar lo verdadero de lo falso. Entrenan a la Iglesia a ser sensible al Señor y receptiva a Su Espíritu Santo, allanando el camino para las acciones del pastor, sus sermones o sus anuncios. . . Siempre están alertas para poder reconocer los vasos proféticos que se están despertando y emergiendo en la congregación y prepararlos con un programa de entrenamiento probado para desarrollarlos".[87]

Para Prince, los profetas que funcionan en la iglesia local deben ser establecidos para capacitar con responsabilidad a aquellos que tienen el llamado al oficio del profeta, y calificar su disposición para servir. Los profetas de la iglesia local, aquellos que dirigen y entrenan para la realización de metas, deben colocarse en la posición correcta para educar y proveer a los profetas que están en formación el que puedan responder al llamado de Dios.[88] Entonces, es de vital importancia que los profetas locales o de congregaciones locales se involucren y se interesen en la integración de nuevos profetas en la vida de la Iglesia.

Los profetas también identifican a obreros potenciales, líderes y ministros en las iglesias locales, y colaboran con su pastor en su identificación, desarrollo, formación y entrenamiento, ordenación o instalación, y en su comisión formal. Prince señala: "Los profetas que son parte del equipo ministerial de la iglesia local, participan en el gobierno de la iglesia como subordinados o colegas, idealmente ayudando a pastorear, traer orden, estructura, y mantener la casa de Dios. Los profetas de la iglesia local son clave para los objetivos de entrenamiento de sus iglesias y son instrumentales en el éxito de su estatura espiritual holística en Cristo".[89] En adición, debo señalar que los profetas que forman parte del gobierno de iglesias locales apostólicas son ancianos que gobiernan juntamente con los otros ministerios de Efesios 4:11. Por lo tanto, es importante aclarar que los profetas son un ministerio de gobierno y, por consiguiente, de orden. Están sujetos y son parte del gobierno y del orden apostólico de la iglesia local.

También, los profetas al ser capacitadores deben ser sabios consejeros, ayudando y asistiendo a los pastores de todas las maneras instadas en la Biblia. Asesoran para la pronta resolución de conflictos, poseen un pensamiento crítico desarrollado, poseen destrezas de manejo de conflictos, evalúan situaciones para ofrecer las respuestas correspondientes y tienen buen juicio y discreción. En general, sirven como pilares visionarios para validar y acelerar la visión del apóstol o del pastor y la misión de la iglesia universal y local.

Como profesionales experimentados y exitosos, los profetas son identificados como mentores y ministran hábilmente en esa capacidad. Están bien informados, bien entrenados y vastamente experimentados en su campo de peritaje. Prince comenta: "Sus destrezas, bien documentadas, y sus conocimientos en general sobrepasan a la mayoría de sus contemporáneos debido a un historial probado. Su pericia como mentores les hace maestros y entrenadores capaces ya que efectiva y provechosamente demuestran sus áreas de conocimiento a través de la instrucción competente en los aspectos teóricos y técnicos de su industria".[90] Así que, además del conocimiento académico, el entrenamiento y el desarrollo de destrezas que pueda tener una persona, los profetas como mentores ofrecen asesoramiento, dirección y formación al Cuerpo de Cristo.

PARA EL SERVICIO

El sustantivo διακονίας[91]—*diakonias*—el cual significa ministerio o servicio, es más probable que se refiera al ministerio o al oficio de los ministros que acabamos de mencionar en el versículo 11. Es preferible, entonces, ver las tres frases preposicionales que están aquí como cada una dependiente del concepto del dar los "dones" para la edificación del Cuerpo de Cristo. Por lo tanto, los profetas son ministros que funcionan como capacitadores para restaurar y preparar a los creyentes para la obra del servicio, del *ministerio*, en el Cuerpo de Cristo. Capacitan a los líderes para que sean ministros capaces y así la iglesia sea edificada. En fin, como siervos de Cristo, por medio de sus palabras y actos, traen a los santos a su plenitud.

EL DON DE PROFECÍA

En 1 Corintios 14:1, Pablo regresa al capítulo 13 y resume los otros dos capítulos anteriores. "Procurad alcanzar el amor; pero también desead ardientemente *los dones* espirituales, sobre todo que profeticéis. . . . Pero el que profetiza habla a los hombres para edificación, exhortación y consolación" (14:1, 3).

BUSCAR LA PROFECÍA

Pablo hace la transición del capítulo 13 al usar el verbo διώκετε[92]—*diokete*—les ordena a buscar, perseguir, luchar por el ἀγάπην[93]—*agapen*—amor. MacArthur señala: "Debido a que la falta de amor era la raíz del problema espiritual en la iglesia de Corinto, el amor de Dios que acabamos de describir debió haber sido buscado por ellos con una determinación y diligencia particular".[94]

Él continúa al expresar: "pero también desead ardientemente los dones espirituales", ζηλοῦτε δὲ τὰ πνευματικά—*zelute de ta pneumatika*. Los corintios deben desear ardientemente; esforzarse en buscar apasionadamente, con deseo, con ahínco, con tesón, los dones espirituales. Él utiliza el verbo ζηλοῦτε[95]—*zelute*—instarlos a luchar vehementemente por los πνευματικά[96]—*pneumatika*—dones. Comentando en este texto, Norman Hillyer señala: "Pablo ahora resume—del versículo 12:31—su discusión de los dones del Espíritu. Asumiendo que ahora los corintios aprecian la importancia suprema del amor, deben seguir buscando todo lo bueno que Dios ofrece".[97]

Este mandato de Pablo, puede, en el primer análisis, parecer contrario a sus palabras anteriores, que el Espíritu Santo obra "todas estas cosas. . . distribuyendo individualmente a cada uno según la voluntad de Él" (1 Corintios 12:11). Si los dones espirituales son la acción soberana de Dios y son Sus señalamientos o distribuciones, ¿qué diferencia hacen los deseos de las personas? En este sentido, Williams expresa: ". . . en relación al don del Espíritu; porque aunque el don es dado gratuitamente por la otorgación soberana de

Dios—de acuerdo a Lucas 11:9-13—a aquellos que piden, buscan y llaman, es decir, a aquellos que sinceramente lo desean. Dios se deleita en dar 'cosas buenas', los 'dones buenos' del Espíritu Santo. Él no desperdiciará sus dones en quienes no los deseen. En segundo lugar, Dios está en control. Todo lo que pedimos y deseamos, es el Espíritu Santo quien lo distribuye 'como Él quiere'. Hemos de buscar vehementemente los dones, pero Dios es quien está en control. Él conoce mucho mejor que nosotros los dones que en cualquier momento serán el mejor canal para Su ministración por medio de nosotros".[98]

Calvino afirma: "En caso que los corintios plantearan la objeción de que Dios podía ser insultado si menospreciaban Sus dones, el apóstol anticipa esto al afirmar que él no quiere decir que se les niegue esos dones, los cuales ya los habían estado utilizando de forma incorrecta. Por el contrario, se les anima a que estén anhelando esos dones y desea que tengan un lugar en la Iglesia. Y no hay duda de que, porque han sido dados para el beneficio de la Iglesia, si los hombres los manejan mal, esto no debe significar que hay que echarlos a un lado porque son inútiles o perjudiciales".[99]

Así que, en lo que se refiere al mandato de Pablo de desear ardientemente los dones espirituales, es apropiado que la comunidad cristiana sea apasionada en este respecto. Archibald Robertson y Alfred Plummer señalan: "Los corintios deben seguir con persistencia 'el camino más excelente,' y que deseen con intensidad los dones sobrenaturales".[100]

Pablo continua este versículo señalando: "μᾶλλον δὲ ἵνα προφητεύητε," –"*mallon de ina profeteúete*"— "sobre todo que profeticéis". El adverbio μᾶλλον[101] —*mallon*; más, a mayor grado— da un sentido adversativo al texto. A pesar de que a veces lleva esa connotación—ver Efesios 4:28—puede también tener una fuerza intensa y suplementaria. No impide aquello que se le opone, sino que acentúa lo que tiene preferencia: más dispuesto, prontamente, más rápido.[102]

Pablo continúa con el verbo προφητεύτηε[103]—*profeteúete*—para asegurarse que *la profecía es el don más importante del Espíritu.* Williams declara: "Ningún otro don puede superar a la profecía en la importancia que tiene para el Cuerpo de Cristo".[104] Calvino también señala:

"Pero sobre todo, Pablo aprueba la profecía mucho más que los otros dones, ya que es el don que más beneficio trae. Pablo lidia con la pregunta de una forma razonable, al no rechazar nada que fuera de algún uso, pero a la misma vez los anima a no permitir que algún celo pervertido los haga valorizar las cosas de menor importancia por encima de las de mayor importancia. Sino que coloca la profecía en el primer lugar. Por lo tanto, él dice: 'desead ardientemente los dones espirituales'. En otras palabras: 'No pases por alto ningún don, porque yo te urjo a que los persigas o busques a todos, siempre y cuando la profecía conserve su lugar de preminencia'."[105]

De igual forma W. Harold Mare comenta: "El amor debe tener la prioridad y, después de eso, el don de profecía debe ser buscado".[106]

NIVELES DE PROFECÍA

El *don de la profecía* no es lo mismo que el ministerio profético. Como ya hemos visto, el ministerio profético es un *oficio*, es uno de los Dones de Ascensión dados por Dios para madurar a los santos. Un individuo particular que tenga el oficio de profeta puede profetizar de una forma regular y continua; representa a Dios con los hombres, y tiene sobre él el gobierno de Dios para el servicio en la Iglesia local y universal. Sin embargo, cuando *el Espíritu de profecía* (Apocalipsis 19:10) se manifiesta en la iglesia local por medio de la atmósfera espiritual o presencia profética correcta— puede ser por medio de la alabanza y la adoración, la predicación de la palabra, etc.—cualquier creyente puede profetizar en esa ocasión particular. Así que, en la atmósfera espiritual correcta, alguien que no sea un profeta de oficio o que no tiene el don de profecía puede recibir palabras o discernimiento profético de parte del Espíritu Santo (1 Samuel 10:5-6; 19:20-24).

Por ejemplo, en ciertas ocasiones el espíritu de profecía cayó sobre ciertos individuos y grupos en las Escrituras. Cuando Dios tomó el Espíritu que estaba en Moisés y lo colocó sobre los setenta ancianos de Israel, estos profetizaron (Números 11:24-30). En adición, el Espíritu de profecía cayó sobre el Rey Saúl y sobre varios grupos de mensajeros (1 Samuel 10:5-6; 19:20-24), sin embargo, el

Rey Saúl no fue contado entre los profetas, sino que estuvo bajo la influencia del Espíritu de profecía.

No obstante, el *don de profecía* se puede manifestar a través de ciertos creyentes dotados que funcionan de manera consistente en la iglesia local, sin embargo, estas personas no llevan sobre ellos el oficio de profeta. Tan sólo son dotados por el Espíritu Santo para manifestar en ciertas ocasiones el don de profecía (1 Cor 12:10; Rom 12:06, Hechos 21:8-9). Por lo tanto, el don de la profecía es dado por el Espíritu Santo para funcionar en la iglesia local, en contraste con el don u oficio del profeta el cual es un don de Dios para el Cuerpo de Cristo, tanto como la Iglesia local como la universal.

EDIFICACIÓN, EXHORTACIÓN, Y CONSOLACIÓN: EL CARÁCTER DE LA PROFECÍA

Para el apóstol Pablo, la profecía existe con el propósito de edificar y fortalecer al pueblo de Dios, exhortar y alentar ciertas acciones y traer consuelo. En 1 Corintios 14:3 éste dice: "Pero el que profetiza habla a los hombres para edificación, exhortación y consolación".

EDIFICACIÓN

Aquí él utiliza la palabra οἰκοδομὴν[107]—*oikodomen,* edificar, levantar, construir—enfatizando que la profecía es una revelación directa de parte del Señor que primeramente es para edificar al pueblo. Williams señala: "La profecía no es destructiva en tono o forma; sino que es para edificar y no para derribar".[108]

51

Similarmente, William Orr y James Walther comentan: "Los dones espirituales son incompatibles con el egoísmo espiritual. Edificar puede incluir el crecimiento de los miembros de la Iglesia; pero el énfasis en esta carta es en el fortalecimiento del carácter cristiano, la unidad y la interrelación del cuerpo de la Iglesia".[109] La profecía, por consiguiente, es un mensaje edificante que fortalece a los creyentes en su fe y en su vida.

EXHORTACIÓN

Pablo también usa la palabra παράκλησιν[110]—*paraklesin* que significa aliento, exhortación—para expresar otro propósito de la profecía el cual es la exhortación. Para Williams, la profecía "puede contener una admonición acerca de ciertas actividades y una urgencia de moverse hacia adelante en la forma correcta"[111] Dunn señala que la profecía debe "satisfacer una necesidad en la asamblea. . . para una palabra de desafío y reprimenda a las actividades negligentes o descuidadas o perjudiciales".[112] No obstante, esta palabra παράκλησιν—*paraklesin*—también denota alentar, lo cual significa que el propósito de la profecía es también alentar la Iglesia.

CONSOLACIÓN

En este texto el apóstol Pablo también utiliza la palabra παραμυθίαν[113]—*paramutian*, confortar, consolar—para expresar un propósito adicional para la profecía. En este sentido, la profecía puede servir para consolar y confortar a aquellos en dolor. Un profeta puede traer un mensaje revelado del corazón mismo de Dios para confortar y consolar siempre que un creyente esté dolido, sufriendo o en necesidad de una palabra amorosa y compasiva.

EL PROPÓSITO TRINO DE LA PROFECÍA

Así que, en esencia, la profecía tiene un propósito trino. Este propósito trino—edificación, exhortación, y consolación—se dirige a una amplia gama de necesidades en la Iglesia. Así como Robertson y Plummer señalan: "Profetizar era el poder de ver y dar a conocer la naturaleza y la voluntad de Dios, un don de conocer detalles de la verdad y de poder al impartirlo, y por lo tanto, una capacidad para edificar el carácter de los hombres, sacudiendo sus voluntades, y alentando sus espíritus. Los tres están coordinados: no edificar por medio de animar, ni edificar y sacudir para poder animar".[114]

La perspectiva de Pablo acerca del ministerio profético se resume en que es un "don", un ministerio u oficio que el Señor Jesús colocó en la Iglesia para equipar a los santos para el servicio, con el fin de que la Iglesia sea edificada y formada. Es de gran importancia el que el oficio o el ministerio del profeta haya sido dado a la Iglesia por el Señor Jesucristo mismo. Consecuentemente, el ministerio profético viene a ser un "don" de Cristo. Pablo declara este punto de vista en 1 Corintios 12:28: "Y en la iglesia, Dios ha designado. . . profetas. . .".

Para Pablo, el ministerio profético es, por lo tanto, el "don" de una persona que ha sido designada por el Señor Jesucristo a una tarea específica de edificar o construir Su Cuerpo. Al igual que los profetas en el Antiguo Testamento, el profeta del Nuevo Testamento es la voz de Dios a Su pueblo. De acuerdo a Pablo, este ministerio es un llamado ministerial que debe estar activo en el Cuerpo de Cristo. No se trata tan sólo de un individuo que profetiza, porque cualquier cristiano puede profetizar en cualquier momento por el don, χαρίσμα–*charisma*—(Rom 12:6; 1 Cor 14:24), sino que éste es un oficio que ministra o sirve a la Iglesia en general con el propósito de edificación, exhortación y consolación (1 Corintios 14:3). Podemos, entonces, decir que el oficio del profeta en el Nuevo Testamento y, por consiguiente, en la Iglesia de hoy es un don ministerial que Dios mismo coloca en la Iglesia para traer una revelación profética importante para edificación, exhortación y consolación en unión a los otros dones—apóstoles, evangelistas, pastores y maestros—y a los líderes de la iglesia. Los profetas que cumplen esa función o rol pueden ser una bendición para la iglesia local y para la Iglesia en general.[115]

CONTRASTANDO A LOS PROFETAS Y LA PROFECÍA DEL ANTIGUO Y NUEVO TESTAMENTO

La Iglesia temprana vio continuidad entre los profetas hebreos y los profetas del Nuevo Testamento. Sin embargo, existían algunas variaciones en el uso de la profecía entre los dos Testamentos, pero sin cambiar su esencia. Clifford Hill señala estas diferencias afirmando que: "El concepto de profecía en el Nuevo Testamento es idéntico al de los profetas mayores de Israel que se encontraban bajo el Antiguo pacto. . . . Cuando se llega a la función de la profecía, sin embargo, existe una diferencia grande e importante. . .".[116]

JESÚS TRAJO UNA NUEVA ERA

La profecía del Nuevo Testamento es *funcionalmente diferente* por causa del Nuevo Pacto que coloca a Jesús como Profeta, Sacerdote y Rey sobre el pueblo de Dios.[117] *Hay un nuevo mensaje de la gracia.* Patrick Fairbairn nos dice: "La diferencia fundamental radica en esto—que en la Iglesia está la revelación de la gracia de Dios; y la gracia por su propia naturaleza es distintiva con el espíritu de profecía".[118] *Jesucristo trajo una nueva era, y con ella, cambios proféticos.* Anteriormente, los profetas del Antiguo Testamento estaban subordinados a la revelación de la Ley de Moisés, pero entonces Jesucristo vino como *el* Profeta (Deut 18:15, Hechos 3:22), cumpliendo todo lo que los profetas y Moisés predijeron. Él es la encarnación del Profeta supremo y de aquellos que se comunican con Dios el Padre. Él es la revelación perfecta, el sujeto y el objeto de todas la profecías del Nuevo Testamento (Apocalipsis 19:10).

LA MANIFESTACIÓN DEL ESPÍRITU SANTO

Otra diferencia es que en la época del Antiguo Testamento el pueblo no podía experimentar al Espíritu Santo como una presencia continua interna así como los creyentes del Nuevo Testamento lo experimentamos hoy (Juan 7:38-39). Esta nueva era fue puesta en marcha en el Día de Pentecostés con el derramamiento del Espíritu Santo que cayó sobre los creyentes estableciendo la nueva comunidad de profetas prometido por Dios en Joel 2:28-32.[119] Gentile nos dice que "el israelita común de los tiempos del Antiguo Testamento no experimentaba el poder del Espíritu. Este privilegio estaba reservado para gente especial como los profetas, los líderes nacionales, los reyes, los sabios o ciertos artesanos designados, e incluso, tales encuentros eran bien limitados. Ahora, gracias a Dios, todo Su pueblo puede estar conocer al bendito Espíritu Santo".[120]

EL PROPÓSITO DE LA PROFECÍA

En adición, la perspectiva religiosa presentada por los hebreos en el Antiguo Testamento ha sido cambiada por una Iglesia Nuevo Testamentaria multiétnica guiada por el Espíritu Santo. Por ejemplo, los profetas del Antiguo Testamento—compuestos por ciertos individuos específicos—y sus profecías, denunciaban los actos pecaminosos de Judá, Israel y las naciones circundantes. Se levantaron en contra de las abominaciones de los paganos y de Israel. Sin embargo, la profecía del Nuevo Testamento fue dirigida a la Iglesia, el Cuerpo de Cristo que está compuesto por todas las razas y clases sociales. Además, la profecía del Nuevo Testamento es para la edificación, la consolación, y la exhortación (1 Corintios 14:3) y debe ser evaluada o juzgada (1 Tesalonicenses 5:21).

FUNCIÓN: INDIVIDUALISTA O CORPORATIVA

Los profetas del Nuevo Testamento eran miembros del Cuerpo de Cristo, personas que participaban en la familia local de Dios. No gozaban de la autoridad ilimitada que poseían los profetas canónicos del Antiguo Testamento, sino que estaban obligados a funcionar en hermandad y cooperación con otros miembros.[121] Como Joyner declara: "Los profetas del Antiguo Pacto estaban profetizando acerca *de* Jesús, que estaba por venir; los profetas del Nueva Pacto están profetizando *en* Jesús, como miembros de Su propio cuerpo".[122]

Además, a diferencia del profeta del Antiguo Testamento, el profeta del Nuevo Testamentario ya no es el portavoz principal de Dios. El profeta del Antiguo Testamento ministraba mayormente por sí mismo; *ahora tenemos cinco nuevos ministros* que el Espíritu Santo ha levantado para dirigir la Iglesia Nuevo Testamentaria (Efesios 4:11-12). Con esta perspectiva en mente, los profetas de la Iglesia temprana vivieron y ministraron como un solo pueblo, miembros de una Iglesia; compañeros creyentes con una sola Cabeza.[123]

CARÁCTER: AUTORITATIVA O NO AUTORITATIVA

Por último, algunos profetas en ambos Testamentos fueron inspirados en ciertos momentos, a iniciativa divina, a hablar las palabras de Dios las cuales vinieron a ser parte de la Escritura, la Biblia. Estos profetas fueron usados para redactar la revelación de Dios. Sus mensajes, según dados en su forma original, no contenían errores y han sido recopilados para formar el Canon, la Biblia. No obstante, es importante señalar que los profetas del Antiguo Testamento no gozaban de infalibilidad ya que su mensajes eran juzgados por la comunidad y si se probaba que era falso debía ser ignorado (Deut 18:15-22) o, incluso, los llamados profetas podía ser condenados a muerte (Deut 13:1-5).

Sin embargo, esto ya no sucede en la Iglesia porque el canon de la Escritura ya ha sido completado y está cerrado. Hill expresa que la profecía en los tiempos del Nuevo Testamento, y también hoy, "no añade nada a la Escritura, aunque debe añadir a nuestro entendimiento de la inmutable palabra de Dios. Su propósito principal. . . es habilitar a la Iglesia para que reciba dirección continua de parte del Padre para llevar a cabo la misión de Cristo y el cumplimiento del propósito de Dios de traer el conocimiento de salvación a todas las naciones".[124]

Como David Blomgren expresa: "Hay una limitación directa puesta sobre toda la profecía del Nuevo Testamento. Pablo en Primera de Corintios limita la profecía de esta era a aquello que está basado en revelación anterior. . . . La profecía del Nuevo Testamento tan sólo puede operar "en parte", de acuerdo a la porción de conocimiento que se nos ha otorgado ahora en la revelación ya dada por la Palabra escrita de Dios. . . . La función profética del profeta del Nuevo Testamento continúa. . . paralela a, e iluminando aquello que 'conocemos en parte'".[125]

EL PRESBITERIO PROFÉTICO

¿QUÉ ES UN PRESBITERIO PROFÉTICO?

Un gran segmento de Iglesias Carismáticas, en su vasta mayoría las no-denominacionales, han desarrollado la práctica profética y bíblica de los "presbiterios proféticos". Pero, ¿qué es un presbiterio profético?

Un presbiterio—*presbuterion,* Asamblea de ancianos en la iglesia local; 1 Tim 4:1—profético es una reunión o evento formal donde presbíteros—*presbuteros,* anciano o persona oficialmente ordenada a ejercer el ministerio en la iglesia local; ministros que ejercen el oficio profético tanto profetas locales como translocales; Hechos 14:23; 20:17, 18; 1 Tim 5:1, 2, 17-19; Tito 1:5; Santiago 5:14; 1 Pedro 5:1—imponen sus manos y profetizan sobre un grupo selecto de líderes—candidatos—particulares de iglesias locales para ministrarles proféticamente, establecer el gobierno y orden de Dios, y develar la voluntad de Dios sobre sus vidas. Los presbíteros imponen manos sobre los candidatos para impartirles dones espirituales, señalarlos, ordenarlos, o comisionarlos a sus ministerios particulares bajo la autoridad del gobierno de la Iglesia, y de la iglesia local particular que patrocina el evento.

ESTABLECE GOBIERNO Y ORDEN DIVINO

El presbiterio profético es de carácter gubernamental. El mismo puede estar compuesto por apóstoles y profetas, quienes a su vez forman parte del gobierno de sus iglesias locales particulares. Por lo general, los presbíteros pertenecen a otras iglesias locales o ministerios translocales. Pero no necesariamente, pueden ser profetas y apóstoles que forman parte de la iglesia local, donde el presbiterio ejerce su oficio y gobierno.

Gentile propone que "una 'reunión de presbiterio profético' o una conferencia profética es una serie especial de servicios convocados en una congregación local que se centran en la revelación profética, tanto para los integrantes individuales como para los integrantes colectivos de una congregación".[126] Él utiliza la palabra presbiterio en cuanto a los ministros invitados—usualmente tres profetas o ministros con el oficio profético—que vienen y traen dirección profética a toda la congregación, así como también ministran la imposición de manos y profetizan sobre determinadas personas.

IMPOSICIÓN DE MANOS PARA LA IMPARTICIÓN MINISTERIAL

Por otro lado, Blomgren lo equipara con la imposición de manos por los presbíteros y remonta sus orígenes a los tiempos del Antiguo Testamento.[127] Para él, el presbiterio profético ha sido ordenado por Dios para comisionar, confirmar y establecer orden en la Iglesia (1 Timoteo 4:14, 2 Tim 1:6). También señala: "El Espíritu Santo habló a través de los profetas del Nuevo Testamento para traer dirección (Hechos 13:3). Los dones espirituales fueron impartidos y confirmados a través de la palabra profética y la imposición de manos (1 Timoteo 1:18)".

David Cannistraci mantiene una posición similar con respecto a la imposición de manos, sin embargo, señala que los apóstoles también pueden participar en los presbiterios proféticos. Expresa que ". . . los apóstoles puede formar un presbiterio profético para imponer manos sobre aquellos que están siendo ordenados. En conjunto, este equipo de ministros impartirá dones espirituales a los candidatos (Romanos 1:11; 1 Timoteo 4:14, 2 Tim 1:6), junto con aquellos que tienen llamados particulares para la preparación adecuada por medio del ayuno y la oración (Hechos 14:23)".[129]

Bill Hamon conecta el presbiterio profético con canales de profecía. Él lo define como ". . . la imposición de manos con profecía por medio de hombres y mujeres de Dios que cumplen con los requisitos de presbítero".[130] En este respecto, Jim Goll comenta que el término para el profeta en el Antiguo Testamento—*navi'*— describe perfectamente los dones de profecía vistos en reuniones donde los ancianos y los líderes maduros trabajan juntos como un equipo bien coordinado, el presbiterio profético.[131]

Para Hamon, el presbiterio profético tiene varias funciones, cada una para un conjunto diferente de requisitos, tanto en el presbiterio como en los candidatos, tales como: la confirmación profética, la ordenación al ministerio quíntuple, la confirmación y la activación y el progreso. Sin embargo, éste comenta que "el presbiterio profético no eliminan la necesidad del oficio del profeta individual. Todos los ministros, y otros en el liderazgo de la Iglesia, pueden ejercer su fe y hablar una palabra profética sobre un individuo mientras están funcionando como un miembro del equipo del presbiterio. Pero sólo un profeta puede ministrar en el ámbito profético ordenado para el oficio del profeta".[132]

CAPÍTULO 4

EL MINISTERIO PROFÉTICO A TRAVÉS DE LA HISTORIA DE LA IGLESIA

"Si apartas lo precioso de lo vil, serás Mi portavoz".
Jeremías 15:19

Este capítulo presenta un breve resumen de la actividad del ministerio profético a lo largo de la historia de la Iglesia. Un estudio profundo del ministerio profético en la historia de la iglesia muestra que este ministerio continuó activo periódicamente en la Iglesia y no desapareció al final de la era apostólica. Se mencionaran varias figuras claves así como también importantes brotes proféticos que han influido en el movimiento profético presente.

HISTORIA DE LA IGLESIA TEMPRANA
HASTA LA EDAD MEDIA

Durante los primeros siglos de la Iglesia cristiana, el ministerio profético era un ministerio activo que participaba en la iglesia. La prueba que proviene de los primeros cuatro siglos indica, que tan lejos como a mediados del siglo cuarto, el ministerio profético estuvo activo en las prácticas de la iglesia. Se le daba espacio dentro de la estructura de la iglesia para que los profetas funcionaran, tanto a nivel itinerante, como a nivel local.[133]

Un ejemplo lo encontramos en la *Didaché* o *La Enseñanza de los Doce*—un texto que data de principios del segundo siglo el cual refleja las condiciones de las comunidades cristianas rurales en Siria-Palestina—que contiene pruebas de que el ministerio profético estaba activo durante esa época:

"Respecto a los apóstoles y profetas, obrad con ellos en conformidad con la ordenanza del Evangelio. Que todo apóstol, cuando venga a ustedes, sea recibido como el Señor. Pero no se quedará más de un solo día, o, si es necesario, un segundo día; pero si se queda tres días, es un falso profeta. Y cuando se marche, que el apóstol no reciba otra cosa que pan, hasta que halle cobijo; pero si pide dinero, es un falso profeta. Y todo profeta que hable en el Espíritu no lo tientes ni lo examines; porque todo pecado será perdonado, pero este pecado no será perdonado (Mateo 12:31). Sin embargo, no todo el que habla en el Espíritu es un profeta, sino sólo el que tiene las costumbres del Señor. Por sus costumbres, pues, será reconocido el falso profeta y el profeta verdadero."[134]

Lo que emerge de la *Didaché* es la imagen del profeta cristiano como alguien que goza de cierta prominencia en la comunidad de la iglesia temprana.[135]

El Pastor de Hermas, un texto devocional el cual gradualmente vino a existir entre la última década del siglo primero y los comienzos del segundo en Roma, incluyó una serie de visiones y proveyó ciertas directrices para distinguir entre expresiones proféticas ciertas o falsas.

El autor abogó a favor de que se examinaran los "buenos frutos" y argumentó en contra de las profecías "personales" privadas.[136] Ignacio, el obispo de Antioquía que murió como mártir en Roma cerca del final del reinado de Trajano (98-117 d.C.), consideraba que tenía el don de profecía y lo ejercitó al revelar un conflicto de desunión dentro de la iglesia de Filadelfia.[137]

Justino Mártir (100-165 d.C.), uno de los primeros apologistas cristianos, le alardeó al judío Trifón, "los dones proféticos permanecen con nosotros, aún en el tiempo presente. Y por ende debes entender que [los dones] que antes estaban presentes en tu nación ahora han sido transferidos a nosotros".[138] Del mismo modo, Ireneo (140-202 d.C.), el gran apologista contra el gnosticismo, afirmó la existencia del ministerio profético en su época y habló en contra de aquellos que lo rechazaban.[139]

Los montanistas, un movimiento profético que se desarrolló a finales del segundo siglo y continuó hasta principios del tercero, merecen especial atención ya que representaron una manifestación importante y significativa del profetismo en la era post-apostólica. Este grupo, el cual se originó en un área oscura de Frigia, en Asia Menor, fomentó y alentó la profecía en las prácticas de la iglesia. Kilian McDonnell y George Montague expresan que "el declive del ministerio profético en los ritos de iniciación cristiana parece estar relacionado con el aumento del montanismo".[140] Aún cuando estuvieron involucrados en muchos excesos y conflictos, estudios recientes sugieren que estos creyentes eran esencialmente ortodoxos en teología".[141] Su problema más sustancial estaba relacionado con la autoridad eclesiástica y la manifestación profética entre ellos. Paul Tillich indica que la victoria de la Iglesia Cristiana sobre el montanismo resultó en realidad en una pérdida. "La jerarquía tradicional estaba en contra del espíritu profético. Esto significó que el espíritu profético fue más o menos excluido de la iglesia organizada y tuvo que huir a movimientos sectarios".[142]

Aune considera que "en general, el montanismo debe ser visto como una renovación dentro de la Iglesia del siglo segundo. . .".[143] Un logro significativo del montanismo fue que a principios del tercer siglo, convirtió en sus filas a uno de los grandes apologistas y teólogos de Cartago en África del Norte, Tertuliano (160-225 d.C.).

También en esa era, el brillante teólogo del Oriente, Orígenes (185-254 d.C.), enseñó que la profecía ayudaba a proporcionar comprensión bíblica y crecimiento espiritual a la comunidad cristiana. Para él, la profecía llegaba en un momento de revelación en el cual el profeta veía las cosas claramente y luego era capaz de comunicar las verdades profundas de la doctrina cristiana reveladas por el Espíritu Santo—verdades que habían recibido en ese momento.[144] Cipriano (200-258 d.C.), obispo de Cartago, experimentó expresiones proféticas, sueños y visiones. Durante su ministerio, muchas personas recibieron nombramiento y confirmaciones eclesiásticas—llamamientos y confirmaciones al ministerio—por medio de lo profético.[145] Incluso Eusebio de Cesarea (260-340 d.C.) ofrece pruebas de que él mismo estaba interesado en lo profético al citar a Apolinario en relación a la necesidad de la continuación de la profecía en la Iglesia hasta la *parousia*—la segunda venida de Cristo.[146]

Aún cuando la profecía era una práctica común en los primeros cuatro siglos, ésta perdió *espontaneidad según pasaba el tiempo. Estos siglos vieron una eliminación gradual del ministerio profético y un fortalecimiento eclesiástico de la jerarquía de la Iglesia.* No obstante, los dones proféticos estaban presentes aún hasta en los aspectos más rutinarios de la vida Cristiana, identificándose fuera de la formalidad de la iglesia institucionalizada.

Por ejemplo, con el surgimiento de la vida monástica muchos monjes experimentaron expresiones proféticas: revelaciones proféticas, visiones y sueños. Hermias Sozomenus, mejor conocido como Sozomeno, registra la vida de varios monjes que manifestaron revelaciones proféticas.[147] Uno de esos monjes fue Antonio el Grande, quien ha sido considerado como el fundador del monaquismo. Sus narrativas—escritas por Sozomeno y Atanasio—registran muchos relatos sobrenaturales, incluyendo la manifestación de expresiones proféticas. Sozomeno también escribió que Atanasio recibió tales revelaciones proféticas.[149]

Ya para la Edad Media el ministerio profético estaba desarticulado. Sin embargo, la Iglesia experimentaba la actividad profética dentro de su estructura eclesiástica oficial y entre aquellos que vivían la vida monástica. Aquellos que eran parte del liderazgo cristiano eran los que estaban envueltos con el don profético. Tan temprano como con Basilio de Cesarea (330-379 d.C.), se asumía y se esperaba que aquellos que estaban llamados a ser parte del liderazgo cristiano entendieran y continuaran con la tradición profética.[150]

Eddie Hyatt señala que Benito de Nursia (480-547 d.C)—quien instituyó la "Regla de Benito" y con la misma estructuró la vida monástica—también recibió revelación profética. Éste señala que Benedicto "a menudo le describía a sus compañeros lo que éstos habían hecho en su ausencia. En adición, también predijo acontecimientos futuros".[151]

King también señala que la actividad profética en la Edad Media se produjo principalmente entre los místicos. Éste declara: "Muchos místicos medievales como Juliana de Norwich, Francisco de Asís, Hildegarda, Abadesa Elizabeth de Schoenau, Gertrudis y otras monjas del Convento de Helfde, Bernardo de Claraval, Suso, Catalina de Génova, los Amigos Alemanes de Dios, los Waldenses, y muchos otros eran conocidos por sus visiones y revelaciones proféticas".[152]

EL MINISTERIO PROFÉTICO EN LOS TIEMPOS DE LA REFORMA Y DESPUÉS DE LA REFORMA

Cuando Martín Lutero (1483-1546), un monje agustino, clavó sus *Noventa y Cinco Tesis* en la puerta de la iglesia en Wittenberg (1517), la Iglesia Católica Romana estaba un caos. Sus partidarios estaban sumergidos en la superstición y la ignorancia; estaba plagada de tradiciones no bíblicas y excesos. Una de esas tradiciones era una perspectiva poco saludable sobre los milagros, señales y prodigios. Para Lutero, la profecía estaba incluida en esos excesos. Para él, el interpretar correctamente la Escritura era profetizar ya que la verdad revelada fue finalmente recopilada en la Escritura.[153] Por esta razón, disentía violentamente y consideraba como falsos profetas a los profetas de Zwickau. Estos profetas fueron dirigidos por Thomas Münzer quien declaraba que bajo la "inspiración divina directa, profetizaba el fin del mundo y denunciaba el bautismo en aguas".[154]

Sin embargo, algunos de los seguidores de Lutero consideraban que éste era un profeta. Hyatt señala que su amigo Felipe Melanchton (1497-1560) se refirió a él como el profeta *Elías* y, uno de sus primeros biógrafos, Johann Mathesius, menciona numerosas profecías pronunciadas por Lutero las cuales llegaron a cumplirse.[155]

El período de la Reforma también fue testigo del surgimiento de los anabaptistas, un grupo liderado por Mechoir Hoffman y Juan Matthijs reaccionando contra el sistema eclesiástico católico romano.

Éstos afirmaron tener profecías y visiones apocalípticas—las cuales no se cumplieron—y rechazaban la estructura jerárquica del liderazgo católico romano enfatizando que el ministerio era la responsabilidad de toda la congregación, al promover la idea del *"ministerio profético de todos los creyentes"*.[156] Su intención era restaurar el ministerio profético en la Iglesia por medio de la ordenación de apóstoles y profetas. Los reformadores los persiguieron por sus prácticas extremas y sus reclamos de considerar la revelación inspirada igual en autoridad a la Escritura. Al final, el movimiento terminó en un fiasco.

Otro reformador, Juan Calvino (1509-1564), tenía una posición similar a la de Martín Lutero en relación a la profecía. Se le considera a lo largo de la historia de la Iglesia como el precursor de la teología del cesacionismo. Sin embargo, en uno de los tomos de su libro, *La Institución de la Religión Cristiana*, éste escribe: "El Señor de vez en cuando los revive [apóstoles, profetas y evangelistas] según la necesidad de los tiempos lo requiera".[157] Esta declaración de Calvino abre una puerta para la manifestación de los ministerios apostólicos, proféticos y evangelísticos en la Iglesia.

En este mismo período de tiempo, en Escocia, varios ministros protestantes conocidos como los reformadores escoceses, también manifestaron expresiones proféticas y fueron reconocidos como profetas. Jack Deere menciona a George Wishart, John Knox, John Welsh, Robert Bruce y el "Covenanter" escocés Alexander Pedem como fuertes voces proféticas de la época de la Reforma en Escocia.[158]

A finales del siglo diecisiete y principios del dieciocho, los hugonotes franceses en las Montañas Cévennes realizaron expresiones proféticas extraordinarias. La manifestación de la profecía fue particularmente común entre niños que, al entrar en trances, recitaban extensos pasajes de las Escrituras, predicaban sermones y confrontaban a los que los escuchaban, algunas veces hasta señalando a individuos específicos.[159]

Entre los que también experimentaron las expresiones proféticas en el siglo dieciocho fueron: George Fox y los Cuáqueros, que creían en escuchar la voz interna del Espíritu;[160] el Conde Zinzendorf y los Moravos; y Juan Wesley.[161] Sin embargo, a pesar de estas manifestaciones proféticas, el ministerio profético no era un ministerio u oficio activo en la iglesia en este período de tiempo.

EL MINISTERIO PROFÉTICO EN EL SIGLO DIECINUEVE

En el siglo diecinueve, el ministerio profético resurgió con la Iglesia Católica Apostólica de Edward Irving. Irving (1792-1832) era un ministro presbiteriano que fue expulsado de la Iglesia de Escocia en Londres porque creía en la restauración de la *carismata*, y en los ministerios y oficios de Efesios 4:11. Éste fundó la Iglesia Católica Apostólica en la Calle Newman en Londres; una iglesia independiente donde se le dio la bienvenida a la restauración del gobierno apostólico y a los dones del Espíritu.[162] David W. Dorries expresa: "Desde que se comenzaban las reuniones de oración de la mañana en la Calle Regent, ya la congregación había estado orado por la restauración del orden apostólico en el gobierno de la Iglesia.

Tanto Irving como los otros ministros preveían un patrón de vida de iglesia bajo el gobierno de los apóstoles, profetas, evangelistas, pastores y maestros".[163]

Dorries también señala que Irving creía que la Iglesia tenía que estar en orden antes de la Venida del Señor, por lo tanto, los ministerios y los oficios de la Iglesia temprana tenían que estar activos en la iglesia.[164] Así que, en el año 1835, el liderazgo de la Iglesia Católica Apostólica ordenó como ministros a doce apóstoles y a dos profetas. Dorries expresa que Irving decidió permitir las lenguas y la profecía en dos momentos específicos designados durante el servicio de adoración, y permitió que los dones del Espíritu fueran ejercitados durante los servicios de adoración de la mañana y la tarde de los domingos.[165]

Otro ministro que pastoreaba una iglesia en Londres, Charles Spurgeon (1834-1892), se le conoció por haber ministrado en el oficio del profeta durante su ministerio. King asegura que a Spurgeon "se le profetizó a la edad de diez años que iba a ser un gran predicador, y más tarde manifestó palabras proféticas y el don de ciencia en sus predicaciones, así como también sueños y visiones".[166]

Spurgeon registró muchas de tales experiencias en su autobiografía. A continuación su propia narrativa acerca de una de estas experiencias:

"Hubo muchos casos de conversiones notables en el Music Hall, uno en particular fue tan especial que a menudo lo he conectado como prueba de que Dios a veces guía a Sus siervos a decir lo que ellos jamás pensarían decir, para que así Él pueda bendecir a la persona que debe recibir el mensaje de carácter personal. En una ocasión, mientras predicaba en el auditorio, deliberadamente señal a un hombre que estaba en medio de la multitud, y le dije: "Hay un hombre sentado allí, que es un zapatero, él mantiene su tienda abierta los domingos, estuvo abierta la mañana del pasado Sabbath, tomó nueve centavos y tuvo cuatro centavos de ganancia; ¡su alma está vendida a Satanás por cuatro centavos!" Un misionero que estaba haciendo lo suyo conoció a este hombre, y viendo que estaba leyendo uno de mis sermones, le preguntó, "¿Conoce usted al señor Spurgeon?" "Sí", respondió el hombre, "Y de verdad que lo conozco, he ido a escucharlo, y, en una de sus predicaciones, por la gracia de Dios me he convertido en una nueva criatura en Cristo Jesús. ¿Quiere que le diga cómo sucedió? Fui al Music Hall, y me senté en el centro del lugar. El señor Spurgeon me miró, como si me conociera, y, mientras predicaba, me señaló y le dijo a la congregación que yo era un zapatero, y que yo mantenía mi tienda abierta los domingos, y así yo lo hacía, señor. Eso no me hubiese importado, pero también dijo que tomé nueve centavos el domingo anterior, y que la ganancia fue de cuatro centavos. Ese día sí tomé nueve centavos y cuatro centavos fue la ganancia, pero no sé cómo él supo eso. Entonces supe que era Dios quien había hablado a mi alma por medio de él, así que cerré mi tienda el próximo domingo. Al principio, tenía miedo de regresar a escucharlo otra vez por miedo a que volviera a decirle a la gente más acerca de mí, pero después me fui, y el Señor se encontró conmigo, y salvó mi alma. . . .

Puedo decir una docena de casos similares en los que señalé a alguien en el auditorio sin tener el más mínimo conocimiento de la persona o sin tener idea de que lo que dije era correcto, con la excepción de que sabía que estaba movido por el Espíritu a decirlo, y los detalles han sido tan sorprendentes que las personas se han ido y le han dicho a sus amigos: "Ven para que veas a un hombre que me ha dicho todo lo que he hecho, no hay duda que debe de haber sido enviado por Dios a mi alma, o de lo contrario no me hubiera descrito con tanta exactitud". Y no sólo eso, sino que he conocido muchos casos en que los pensamientos de los hombres han sido revelados desde el púlpito. Muchas veces he visto como personas le dan con el codo a la persona que está a su lado porque lo que han escuchado que ha sido un impacto para ellos, y les han escuchado decir cuando están saliendo del auditorio: "El predicador nos dijo exactamente lo que estábamos hablando cuando entramos por la puerta."[167]

El siglo diecinueve también trajo consigo varios grupos no ortodoxos los cuales manifestaron el ministerio profético en cierta medida. Algunos grupos, tales como los mormones, con Joseph Smith y su *Libro del Mormón*; los Milleritas, con William Miller que luego vinieron a ser la Iglesia Adventista del Séptimo Día; y los Shakers con la Madre Ann Lee.[168]

EL MINISTERIO PROFÉTICO EN LOS SIGLOS VEINTE Y VEINTIUNO

El avivamiento de la Misión de Fe Apostólica (1906-1909), conocido comúnmente como el Avivamiento de la Calle Azusa, dio lugar a un resurgimiento mundial de los movimientos pentecostales, carismáticos y proféticos cuya influencia continúa en el siglo veintiuno. Las expresiones proféticas, entre muchas otras manifestaciones del Espíritu Santo, eran comunes en sus servicios. También, muchas de las prácticas de la iglesia temprana relacionadas con el ministerio profético fueron implementadas entre los líderes de la Misión.

Por ejemplo, en el libro de Fred T. Corum, *Como Ascuas de Fuego*—una colección de documentos de la Calle Azusa—se observa una foto de un grupo de doce personas que formaban parte del liderazgo original en la Misión de Fe Apostólica; éstos ministraban como ministros proféticos. Corum señala que ". . . los doce fueron seleccionados para examinar a los candidatos que iban a recibir las licencias de misioneros y evangelistas. Las licencias fueron firmadas por el pastor W. J. Seymour y el pastor Hiram W.

Smith, quien anteriormente había sido un pastor metodista. Estos doce actuaban como el Comité de Credenciales y después de que un candidato fuera aprobado, le imponían las manos y oraban como lo hacían los apóstoles de antaño. Se le decía a las personas que fueran al campo misionero por medio de visiones y profecía, y les seguían grandes resultados dondequiera que iban".[169] Por consiguiente, el avivamiento de la Calle Azusa fue un factor fundamental para el desarrollo del ministerio profético en los siglos veinte y veintiuno.

Otro movimiento que tuvo gran influencia y avanzó el desarrollo del ministerio profético fue el Movimiento de la Lluvia Tardía; un avivamiento que surgió en el Colegio Bíblico Sharon, de North Battlefield en Saskatchewan, Canadá a finales de 1940. Su énfasis principal fue sobre la imposición de manos para la impartición de los dones del Espíritu Santo, la restauración de los apóstoles y los profetas en la iglesia actual, el don de la profecía para la ordenación y la comisión de candidatos al ministerio y para el establecimiento del gobierno correcto en la iglesia.[170] Debido a sus prácticas, encontraron oposición. King destaca que "las Asambleas de Dios calificaron el movimiento como una herejía al observar similitudes a los problemas de los movimientos proféticos anteriores, y por la falta de discernimiento y de rendir cuentas".[171] No obstante, aun cuando fueron etiquetados como herejes, su influencia se ha extendido hasta las prácticas proféticas de hoy.

En la década del 1960, el movimiento carismático adquirió prominencia con la inclusión de las prácticas de los dones y de los ministerios del Espíritu en las denominaciones principales cristianas.

Entró en escena una nueva creencia en la restauración del ministerio profético. Surgieron grupos de renovación que proporcionaron la validación y el ánimo para la implementación del ministerio profético como un ministerio bíblico distintivo dado por el Espíritu Santo. Muchos de los líderes del movimiento de la Lluvia Tardía influenciaron las prácticas del movimiento carismático. King nos dice que "surgió una enseñanza renovada sobre los dones de la ascensión y de los cinco ministerios (Efesios 4:11), en parte, a través de líderes que tenían conexiones con la Lluvia Tardía tales como James Beall, John Poole, y Earn Baxter".[172]

En las últimas dos décadas del siglo veinte y las dos primeras décadas del veintiuno, el cristianismo ha experimentado el desarrollo del movimiento profético. El movimiento profético se ha visto muy influenciado por el movimiento de la Lluvia Tardía y por la renovación carismática, así como por el movimiento de la Tercera Ola, con líderes como John Wimber y C. Peter Wagner. La Fraternidad de Ministerios Internacional—en inglés Ministries Fellowship International; MFI—representa quizás el grupo más sólido teológicamente que promueve el ministerio profético y que surge directamente del movimiento de la Lluvia Tardía, e incluye muchos de los ministros importantes de los primeros años del movimiento, tales como K.R. "Dick" Iverson, David Schoch, Ernest B. Gentile, y Kevin Conner.[173]

Con el auge del movimiento profético llegó una nueva conciencia y un nuevo énfasis de renovación del oficio profético. Un exponente principal de este movimiento, quien fue influenciado por el movimiento de Lluvia Tardía, es Bill Hamon. Él es el fundador y presidente de Christian International, una organización que se centra en la restauración de los apóstoles y los profetas en la iglesia.

También han surgido muchos líderes proféticos desde la década de 1980 que promueven y practican el ministerio profético, tales como: Paul Cain, C. Peter Wagner, Cindy Jacobs, Mike Bickle, Chuck Pierce, James Goll, Kim Clements, James Ryle, John Paul Jackson, Ernest G. Gentile, Héctor Torres y Rick Joyner, entre otros. En adición, eruditos como Jack Deere, un ex profesor de Antiguo Testamento del Seminario Teológico de Dallas, y Wayne Grudem, profesor de teología en varios seminarios teológicos en los Estados Unidos, han aceptado al ministerio profético como un ministerio presente en la Iglesia de hoy.

CAPÍTULO 5

EL MINISTERIO PROFÉTICO: UNA PERSPECTIVA TEOLÓGICA

*"En cuanto a los dones espirituales, hermanos,
quiero que entiendan bien este asunto".*
1 Corintios 12:1 (NVI)

Este capítulo tratará de la base teológica del ministerio profético. Discutiré lo que es una revelación, las diversas formas de la revelación y la implicación de la revelación en la profecía. También presentaré una visión general de la naturaleza de Dios y su implicación para el ministerio profético, y las perspectivas teológicas de la profecía en el Antiguo y Nuevo Testamento. Por último, presentaré un breve análisis de los argumentos teológicos de la posición evangélica cesacionista en contra del ministerio profético.

PROFECÍA Y REVELACIÓN

La profecía y la revelación van mano a mano. Para poder entender la profecía es importante tener una comprensión teológica clara de lo que significa una revelación. Williams declara: "El trasfondo de la profecía es una revelación"[174] y C. Samuel Storm afirma: "La profecía siempre tiene sus raíces en la Revelación".[175] No obstante, ¿qué significa tener una revelación?

¿QUÉ ES REVELACIÓN?

La palabra *revelación* significa "remover un velo"—velo en latín es *velum*, la raíz de la palabras castellanas "develar" y "revelación".[176] William G.T. Shedd señala que "revelación en su significado general y amplio es cualquier especie de conocimiento del cual Dios es la fuente y la causa principal. En este sentido, todo lo que el hombre sabe intuitivamente le es revelado; porque aún su conocimiento axiomático no se origina en sí mismo de forma independiente y aparte de su Creador".[177] Del mismo modo, Louis Berkhof dice que "sin la revelación, el hombre nunca hubiese sido capaz de adquirir cualquier conocimiento de Dios. Y aún después que Dios se ha revelado a Sí mismo de manera objetiva, no es la razón humana la que descubre a Dios, sino que es Dios quien se descubre a Sí mismo ante los ojos de la fe".[178]

Berkhof continúa al afirmar que la revelación es un "acto sobrenatural de auto-comunicación, un acto intencional por parte del Dios Viviente. . . . Él se ha revelado a Sí mismo".[179] Así que, la revelación en su significado definitivo se refiere a la manifestación propia de Dios de sí mismo; es aquello que proviene de Dios.

TRES TIPOS DE REVELACIONES

El concepto de la revelación se puede dividir en tres: la revelación general, especial y subordinada. La *revelación general* significa que Dios da a todo el mundo el conocimiento de Sí mismo, sin limitarse a las personas o a un tiempo en la historia. La *revelación especial* es la revelación especial de Dios acerca de Sí mismo, Sus caminos y Su verdad principalmente a través de la Biblia. La *revelación subordinada* tiene que ver con Dios revelándose a Sí mismo a aquellos que están en la comunidad cristiana de forma subordinada o secundaria a la revelación especial presentada en la Biblia.[180]

Dios da esta revelación a una persona para que desarrolle una revelación amplia del Hijo y para la edificación del Cuerpo de Cristo. Pablo ora por los efesios "que el Dios de nuestro Señor Jesucristo, el Padre de gloria, os dé espíritu de sabiduría y de revelación en el conocimiento de Él" (1:17; RV60). Él también declara en su primera epístola a los corintios: "¿Qué concluimos, hermanos? Que cuando se reúnan, cada uno puede tener un himno, una enseñanza, una revelación, un mensaje en lenguas, o una interpretación. Todo esto debe hacerse para la edificación de la iglesia" (14:26; NVI). Este tipo de revelación se refiere a la profecía porque la profecía se produce por medio de la revelación divina.

Por consiguiente, la revelación subordinada es el medio por el cual Dios se comunica proféticamente con Su pueblo. Él no ha cambiado en Su deseo de comunicarse directamente con Sus hijos. Él está listo para proveer, por medio de Su Espíritu, revelación y sabiduría para una comprensión más profunda de Jesús, y también revelación y profecía para hablarle a Su pueblo. Sin embargo, tal revelación está completamente subordinada a la revelación especial. La revelación especial fue dada por Dios por medio de los profetas del Antiguo Testamento, Jesús y los primeros apóstoles. El Canon está cerrado. No hay nada que añadirle, ya que la verdad de Dios ha sido totalmente declarada.[181]

Esta revelación no es una nueva verdad que va más allá de la revelación especial, como muchos cesacionistas creen.[182] Es una revelación subordinada a la Biblia dada por Dios mismo a Su pueblo. Como señala Williams: "Es tan sólo una apreciación más profunda de lo que ya ha sido revelado, o una revelación de algún mensaje para la situación contemporánea que no añade nada esencial a lo que Él ya anteriormente ha dado a conocer".[183]

Así que la profecía es una revelación subordinada dada por Dios a una persona para que ésta la comunique en su lenguaje común. Por medio de la boca de una persona, Dios declara un mensaje para, y en, cualquier situación dada. Sin embargo, tal revelación no pone el mensaje profético al mismo nivel de la Biblia, ya que está subordinado a lo que Dios ya ha revelado en la misma.

REVELACIÓN QUE VIENE DEL ESPÍRITU SANTO

La profecía, como revelación de Dios, se produce bajo la influencia del Espíritu Santo. Las palabras pronunciadas mientras la persona está "en el Espíritu" no vienen por la reflexión, premeditación o estudio, sino que son iniciadas por Dios para el beneficio de Su pueblo.[184] Bajo esta misma perspectiva Dunn dice: "Para Pablo la profecía es una palabra de revelación. No es el predicar un sermón preparado previamente: no es una palabra que puede ser ordenada con tu intelecto o una destreza que puede ser aprendida; sino que es una expresión espontánea, una revelación dada en palabras al profeta para ser expresadas según fueron dadas (14:30)".[185] Grudem comenta que una expresión profética es ". . . algo que Dios puede traer de repente a la mente o algo que Dios puede impresionar en la conciencia de una persona de tal manera que la persona percibe que es de Dios".[186]

La revelación que da el Espíritu Santo es fundamental en una profecía. Sin el urgir del Espíritu Santo no puede haber ninguna profecía. La profecía no es el resultado de la psiquis humana, sino una intervención directa del Espíritu Santo en un individuo.

PROFECÍA DEL ANTIGUO Y NUEVO TESTAMENTO: ENFOQUES TEOLÓGICOS

CONCIENCIA CANÓNICA

Hay varios teólogos que presentan una fuerte "conciencia canónica" cuando analizan la profecía. Desean proteger la integridad profética de la Biblia, reconociendo solamente la validez de la profecía que produjo la Biblia en la Iglesia. Para ellos, los profetas del Antiguo Testamento utilizaron frecuentemente la frase introductoria: "Así dice el Señor".

Grudem expresa que "en el mundo del Antiguo Testamento, esta frase era sido reconocida como una forma idéntica a la frase, 'Así dice el rey. . .' la cual fue utilizada para introducir el edicto de un rey a sus súbditos, un edicto que no podían ser desafiado o cuestionado, sino que simplemente tenía que ser obedecido".[187] Así, que para Grudem, cuando los profetas del Antiguo Testamento decían: "Así dice el Señor", estaban reclamando ser mensajeros del soberano Rey de Israel, Dios mismo, y reclamando que sus palabras eran las palabras absolutamente autoritativas de Dios.[188] Cuando el profeta profetizaba utilizando este patrón, todas sus palabras tenían que venir de Dios mismo o podía ser acusado como un falso profeta.

En adición, en el Antiguo Testamento, se dice que Dios hablaba "por medio" del profeta, es decir, lo que decía el profeta en nombre de Dios, Dios lo estaba diciendo. Con esta presuposición, se deduce que las palabras de los profetas del Antiguo Testamento pueden equipararse a las palabras pronunciadas por Dios mismo. Hablaron palabras autoritativas que se convirtieron en las Escrituras.

No obstante, Grudem, al argumentar contra las pretensiones cesacionista del cese de la profecía en el Nuevo Testamento y en la Iglesia, destaca que la profecía sí continúa, pero sostiene que hay dos formas de profecía Nuevo Testamentaria que han co-existido: *la profecía congregacional*, en la cual las personas compartían los pensamientos que Dios traía a sus mentes, y la *profecía apostólica*, como las palabras escritas en el Nuevo Testamento.[189] "Este enfoque trata de mediar por un punto medio entre las dos posiciones, la cesacionista y la posición carismática extrema que acepta la profecía contemporánea como totalmente autoritativa".[190] Por otro lado, Robert L. Saucy contradice esta posición al argumentar que es muy difícil de sostenerla bíblicamente.[191]

Esta descripción de profecía congregacional no-autoritativa es similar a la posición de los "niveles bajos de revelación profética" expuesta por Rick Joyner quien expresa que "la mayor parte de lo que hoy se llama 'profecía' se encuentra en el nivel más bajo de revelación profética, el cual es el nivel de las impresiones. Estas son revelaciones generales a las que tenemos que colocarles palabras. Personalmente, yo no agrego el 'así dice el Señor' a lo que en realidad es una impresión que he expresado en mis propias palabras".[192] Para Joyner, es discutible el que incluya tal declaración en la palabra profética: "Se nos daría mucha más autoridad y mayores niveles de revelación si comenzáramos a llamar las impresiones como lo que son, y si no usáramos errónea y liberalmente unas palabras tan hermosas como lo son 'Así dice el Señor'".[193]

CONTINUIDAD HISTÓRICA

Otra forma teológica de ver la profecía del Antiguo y Nuevo Testamento es el enfoque de la *continuidad histórica*. Gentile, un partidario de esta posición, señala que la profecía dada por el Espíritu Santo en los tiempos del Antiguo Testamento continuó en la

Iglesia temprana y ahora se extiende a la Iglesia contemporánea.[194] Los primeros creyentes sentían que eran un pueblo profético en continuidad histórica con la profecía y los profetas del Antiguo Testamento. "No hay el menor indicio de desacuerdo con esta idea en el Nuevo Testamento. Además, la creencia clara del Nuevo Testamento es que esta actividad sobrenatural estaba destinada a continuar durante toda la era de la Iglesia".[195] Por ende, no hay desacuerdo con esta idea en el Nuevo Testamento. En el Nuevo Testamento la actividad sobrenatural estaba destinada a continuar durante toda la era de la Iglesia. Entonces, podemos concluir que el término *"continuidad histórica"* se refiere a la convicción de que la voz de Dios, a través de la profecía, es escuchada en Su pueblo continuamente.

Gentile también expresa que las cuestiones planteadas por las personas con una fuerte "conciencia canónica" parecen tener poco o ningún interés por Pablo y por la Iglesia temprana; aparentemente operan desde un marco de referencia diferente, sin mostrar ninguna preocupación por algunas de nuestras discusiones profética de hoy. Pablo sólo hace referencia a dos clases de profetas: aquellos cuyos oráculos son parte de la Biblia y los profetas en la Iglesia.[196] Consecuentemente, tanto él como todos los otros escritores del Nuevo Testamento, tratan a los profetas de esos días como si hubiesen estado en continuidad histórica con los profetas del Antiguo Testamento, aun cuando no hubieran escrito la Biblia. Gordon Fee, al hablar del Espíritu Santo en las cartas de Pablo, ofrece esta evaluación sobre la posición de la profecía del Antiguo y Nuevo Testamento:

"[Pablo], sin duda vio a los profetas del Nuevo Testamento en sucesión de los profetas 'legítimos' del Antiguo Testamento, lo cual explica en parte por qué toda profecía debe ser 'discernida', al igual que con aquellos profetas del Antiguo Testamento. Pero se entendió que la naturaleza de la profecía era distinta, precisamente por razón de su existencia escatológica presente. Un profeta que habla palabras de ánimo a la Iglesia en la existencia de 'los tiempos' habla un tipo distinto de palabra a la palabra predominante de juicio en el antiguo Israel."[197]

NIVELES DE INSPIRACIÓN PROFÉTICA

Gentile cree que la profecía en los tiempos bíblicos existía en dos niveles que él llama "inspiración". Él sugiere que la Palabra de Dios vino como palabra inspirada por el aliento de Dios—tal como la profecía que fue escrita en la Biblia—y palabras iluminadas por el Espíritu—las cuales pueden ser totalmente precisas, pero no pueden ser colocadas a la par con la Biblia.[198] Las palabras inspiradas por el aliento de Dios son inerrantes, y son habladas por Dios sin posibilidad de error o necesidad de evaluación. *Tal profecía ya no existe ya que el canon de la Escritura ha sido completado y cerrado.* Por otro lado, las palabras iluminadas por el Espíritu son inspiradas por el Espíritu Santo y utilizan las debilidades humanas. Ésta es la profecía que estaba en Corinto y es practicada en la Iglesia de hoy.

De hecho, es una palabra del Señor para la edificación, exhortación y consolación de un determinado grupo de creyentes en cualquier lugar determinado, en cualquier momento dado; pero debe ser probada y aprobada por la asamblea de creyentes, la iglesia local particular.

Dios hizo provisión en el Antiguo y Nuevo Testamento para que probáramos y examináramos la profecía, lo que indica que la posibilidad de que haya una exactitud de un 100 por ciento siempre puede estar presente; pero también hay la posibilidad de que haya una *inexactitud parcial o total* (Hechos 21:11, 3; 1 Cor 13:9; 1 Tesalonicenses 5:19). La profecía puede ser *mezclada*, o lo que yo llamo *"impura"—nuestros propios pensamientos o ideas pueden mezclarse en el mensaje que recibimos de parte del Espíritu Santo—* recibimos las palabras directamente o puede que sólo discernamos el sentido, significado o interpretación general del mensaje.

Por consiguiente, aún cuando la profecía es, en esencia, una revelación que proviene de Dios, *a veces es falible*—contiene errores. Muchos cesacionistas creen que mi posición podría ser herética porque presenta algo que es revelado por Dios mismo que contiene errores. ¿Cómo puede ser esto? ¿Cómo puede una revelación que proviene de Dios mismo, quien es perfecto y no comete errores, ser falible? Sí, la expresión profética puede ser falible; pero sabemos, que Él no es falible, Él es totalmente infalible.

Una manera de entender esta posición es reconocer que en todas las profecías hay cuatro elementos trabajando y sólo uno proviene de Dios: la revelación, la percepción, la interpretación y la ejecución. El primer elemento es *la revelación*. El Espíritu Santo es el responsable de dar la revelación. Todo lo que Él revela o comunica a los seres humanos es totalmente perfecto, totalmente infalible. No contiene ningún error.

El segundo elemento es *la percepción*. La percepción es más que nada una actividad de la mente, del intelecto. No obstante, también podemos percibir con nuestros sentidos. Nosotros los seres humanos somos los que percibimos, y después de percibir, le damos *significado* a aquello que hemos percibido en nuestra mente o en nuestros sentidos, en otras palabras, *lo interpretamos*. Éste es el tercer elemento.

El cuarto elemento es la *ejecución* o *entrega* de la revelación. La revelación es infalible porque *La Fuente* es infalible. Por lo tanto, la revelación, la cual es la voz pura de Dios, es tan infalible como la Biblia misma. Los errores entran cuando el individuo *percibe mal*, *malinterpreta* o *ejecuta mal* todo lo que sea que Dios le haya revelado. Dios siempre habla perfectamente y sin errores, no obstante, los seres humanos podemos percibir y comprender erróneamente Su revelación y, por lo tanto, transmitirla o ejecutarla de manera imperfecta.

EL MINISTERIO PROFÉTICO Y LA NATURALEZA DE DIOS

La naturaleza de Dios está íntimamente ligada con el ministerio profético. En la sección anterior mencioné que el ministerio profético es un medio por el cual Dios se revela a Sus hijos. Él se revela con el fin de ser conocido. Pero, ¿quién es Dios para que Él se revele a su creación? o ¿cómo Él se identifica en Su revelación? En esta sección discutiré sobre estas interrogantes con el fin de obtener una mejor comprensión de lo que es el ministerio profético.

¿QUIÉN ES DIOS?

Los teólogos de todas las épocas han estudiado de forma sistemática esta premisa y han desarrollado un sinnúmero de puntos de vista. *La Confesión de Fe de Westminster*, uno de los credos más influyentes de la cristiandad, define a Dios de una manera clara y profunda al declarar:

> "No hay sino un solo Dios, vivo y verdadero, quien es: infinito en su ser y perfección, Espíritu purísimo; invisible, sin cuerpo, partes o pasiones; inmutable, inmenso, eterno, incomprensible, todopoderoso, sapientísimo, santísimo, totalmente libre, absolutísimo; que hace todas las cosas según el consejo de su propia inmutable y justísima voluntad para su propia gloria; amorosísimo, benigno, misericordioso, paciente, abundante en bondad y verdad; que perdona la iniquidad, la transgresión y el pecado; galardonador de los que le buscan diligentemente; además es justísimo y terrible en sus juicios, que detesta todo pecado, y que de ninguna manera declarará como inocente al culpable."[199]

En primer lugar, cabe señalar que *Dios es el Dios viviente*. A lo largo de las Escrituras, esta declaración se afirma. Sin embargo, decir que Dios es el Dios viviente no significa que Él es idéntico a la vida porque toda vida que existe en el mundo es de Dios, pero no es Dios. Permíteme expresarlo de una manera mucho más clara y específica: Él es la esencia misma de la vida y como tal, da a luz la vida en todo lugar. Porque Dios está vivo, la humanidad está viva.

Porque Dios es un Dios vivo, *Él está vivo hoy*. Williams señala: "Su vida no es la de un evento pasado, como si viviera en alguna otra época, y ahora ha dejado de ser".[200] Porque Él vive, Él está involucrado activamente en las vidas de Sus hijos, aunque muchos teólogos han argumentado en contra de ello. Williams continúa: "En adición, todas las actitudes que explícita o implícitamente sugieren que el encuentro vivo de Dios con la gente pertenece a un pasado remoto, o que Sus grandes obras realizadas en los tiempos bíblicos no pueden ocurrir hoy en día, están muy lejos de la realidad".[201]

DIOS ES UN DIOS PERSONAL

En adición, Dios en Su revelación se declara a Sí mismo como el Dios personal. Por ejemplo, en las Escrituras se le conoce por Sus nombres personales; se muestra a Sí mismo entrando en relaciones personales con la gente; es revelado de forma única en la persona de Jesucristo; y Su carácter es profundamente personal.[202] Él tiene una personalidad. Su personalidad es única y distinta de todas las criaturas. Sin embargo, porque tiene una personalidad puede tener una relación personal con los seres humanos.

En este respeto A.A. Hodge afirma que Dios "inspiró a los profetas y a los apóstoles; Él enseñó y santificó a la Iglesia; Él le elige a sus funcionarios, calificándolos por la comunicación de los dones especiales según Su voluntad. *Él es el abogado defensor, y cada cristiano es su cliente.* Él nos trae toda la gracia de Cristo y la activa en nuestras personas cada momento de nuestras vidas. Su distinción personal está obviamente involucrada en la naturaleza misma de estas funciones, las cuales son dadas por Él".[203]

Desde la creación, Él ha estado en comunicación con los seres humanos. No tan sólo Dios está representado en las Escrituras como Aquél que piensa, siente, anhela, ríe, se enoja, se alegra, se entristece—características antropopáticas—sino que la Escritura también hace referencia a Sus características corporales humanas, tales como: cara, cuerpo, brazos, pies, espalda—características antropomórficas. Estas referencias frecuentes a los rasgos humanos son expresiones vívidas de comprensión bíblica de que Dios es personal, porque "el evitar antropomorfismos sería fracasar en describir a Dios en Su realidad viva y personal.[204]

Dios es también personal porque Él es amor (1 Juan 4:16). *El amor es el aspecto central de Su carácter.* El amor no tiene sentido y no se puede entender si no viene de una persona. El amor expresa, como ninguna otra palabra, el significado de personalidad. Por lo tanto, si Dios es amor, es una persona.

Porque Dios es amor, Su deseo es comunicarse con Su creación, los seres humanos. Thomas C. Oden afirma esta declaración señalando que "el amor de Dios revela la determinación divina de incluir en Su comunión personal a todas las criaturas capaces de disfrutar de esta comunión. El amor es el deseo de Dios de comunicar la profundidad de la bondad divina a todas y cada una de las criaturas, y de impartir los bienes adecuados con todas las criaturas, proporcional a su capacidad para recibir lo bueno".[205] Del mismo modo, Emil Brunner expresa: "Por lo tanto, porque Dios es El Santo, y porque Él es amor, Él quiere impartirse a sí mismo. Su naturaleza, Su secreto más íntimo es la auto-comunicación. Así que, dentro de Sí mismo, 'ante el mundo', Él es el Auto-comunicador".[206]

El ministerio profético es testimonio de la naturaleza de Dios. Porque Él está vivo puede comunicarse con Sus hijos y el ministerio profético es uno de los medios que usa para tal comunicación. Sin embargo, tengamos cuidado donde está nuestra mirada y, por consiguiente, nuestra adoración. El ministerio profético, por ser un ministerio de poder, atrae y es atractivo ante los ojos de muchos. Hagamos nuestra las palabras de Karl Barth: "Dios está hablando— ¡Él!—y ni siquiera el elemento más alto y más específicamente religioso en la experiencia de la gracia, a través del cual Él habla, puede tomar el lugar de Dios".[207] Él mismo es mayor que todos los medios de comunicación divina. Él es nuestro Dios, y no el ministerio profético.

La voz del Espíritu Santo está activa en Su iglesia hoy a través de Sus profetas. El ministerio profético es prueba de que Él está vivo e interviniendo activamente en Su iglesia; es prueba de que Él es un Dios personal. La personalidad de Dios da testimonio de que Él desea comunicarse con los seres humanos. A través del amor, el cual es un aspecto central de Su carácter, Dios se acerca a los seres humanos y declara Sus caminos. Así que, el ministerio profético debe reflejar la naturaleza de Dios: Su vida, Su personalidad y Su amor.

CESACIONISMO VS. EL MINISTERIO PROFÉTICO

El mundo evangélico de hoy está dividido con respecto a la siguiente pregunta: "¿Es el ministerio profético, según se menciona en el Nuevo Testamento, válido para usarse en la iglesia de hoy?" Los pentecostales y carismáticos responden positivamente a esta pregunta, mientras que otros grupos evangélicos representados por la posición cesacionista, argumentan en contra de tal afirmación.

¿QUÉ ES EL CESACIONISMO?

Para un *cesacionista*, los dones y ministerios milagrosos, tales como los apóstoles y los profetas, *cesaron* hace mucho tiempo atrás porque fueron dados sólo durante la época de la iglesia temprana como "señales" para autenticar a los apóstoles a través de su predicación del evangelio. Por lo tanto, los cesacionistas sostienen que estos dones no están activos ni tampoco son necesarios como señales hoy en día porque cesaron a finales del primer siglo o a comienzos del siglo segundo d.C., eliminando la posibilidad del ministerio profético en la iglesia de hoy. Sin embargo, la Biblia no enseña cesacionismo.

ARGUMENTO DE LA AUTENTICACIÓN

Benjamín Breckinridge Warfield, un profesor en el Seminario Teológico de Princeton desde 1886 hasta su muerte en 1921, popularizó el argumento de que los dones milagrosos del Espíritu fueron dados solamente a unos pocos, a los apóstoles, a Esteban y a Felipe. De acuerdo con Warfield, el propósito de los dones era para autenticar a los apóstoles como los maestros de confianza de la doctrina ortodoxa. Por consiguiente, cuando los apóstoles murieron, los dones necesariamente finalizaron con ellos.

Por ejemplo, Warfield declara: "Es muy claro del registro del Nuevo Testamento que las carismas extraordinarias no fueron (después de los primeros días de la iglesia) la posesión de todos los cristianos, sino que fueron dones sobrenaturales para algunos".[208] Continúa diciendo: "Estos dones no eran la posesión de los cristianos primitivos como tal, ni tampoco para la Iglesia Apostólica o para la época apostólica; sino que eran distintivamente para la autenticación de los Apóstoles. Eran parte de las credenciales de los Apóstoles como los agentes autoritativos de Dios en la fundación de la iglesia. Su función los encerró claramente en la Iglesia Apostólica y, necesariamente, finalizaron con ellos".[209] Esta línea de pensamiento y argumentación sigue siendo esencialmente la misma entre los descendientes teológicos de Warfield.

Sin embargo, argumentando en contra de la posición de Warfield, Ruthven señala: "la polémica de Warfield—la culminación de un argumento histórico evolutivo dirigido contra ciertas amenazas a la religión institucional—fracasó debido a inconsistencias internas con respecto a su concepto de los milagros, su método histórico y su hermenéutica bíblica. En la medida en que estos errores sean característicos de formas más contemporáneas de cesacionismo, también fracasarán".[210]

Al considerar el argumento de Warfield, es importante tener en cuenta que hay algunos indicios de que una concentración notable de milagros fue característica de los apóstoles, ya que fueron representantes especiales de Cristo. Sin embargo, los milagros realizados por los apóstoles no prueban que no hubo milagros realizados por otras personas. Grudem expresa que "el realizar milagros (1 Cor 12:10) y otros dones milagrosos (1 Cor 12:4-11 menciona varios) eran parte del funcionamiento normal de la iglesia de Corinto, y Pablo sabe que Dios también 'hace milagros' en las iglesias de Galacia (Gálatas 3:5)".[211]

Del mismo modo, Deere comenta: "Si las señales y los prodigios eran con la intención de autenticar a los apóstoles, no hay absolutamente ninguna razón para que Esteban y Felipe hicieran milagros. El que se permitiera a cualquier otra persona que no fuera uno de los apóstoles realizar señales y prodigios debilita el valor de las señales y los milagros como una herramienta de autenticación del ministerio de los apóstoles. Aquí hay una inconsistencia grave en la que no he encontrado ni siquiera una remota respuesta satisfactoria entre aquellos que enseñan cesacionismo".[212]

ARGUMENTO DE LA AUTORIDAD DEL CANON

Otro de los argumentos de la perspectiva cesacionistas es que la profecía se convierte en un sustituto de, o adiciona, la enseñanza apostólica y la Escritura. El cesacionismo presupone que uno de los propósitos de la profecía bíblica era entregar la Escritura ya canonizada para proporcionar un rol fundacional.[213] Una vez el último libro del Nuevo Testamento fue escrito—alrededor del año 90 d.C.—ya no debieron haber más palabras de parte de Dios, tanto habladas como escritas, en la iglesia.

Con el Canon ya dado, los cesacionistas asumen que el ministerio profético ya no es necesario. Muchos de ellos consideran que afirmar que el ministerio profético y la profecía son para la Iglesia de hoy pone en peligro la única autoridad de la Escritura, colocando una confianza inmerecida en las experiencias subjetivas. El que se añadan más palabras que provengan de constantes expresiones proféticas sería añadir a la Escritura, trayendo así una nueva revelación. En otras palabras, la suficiencia de la Escritura sería cuestionada y menoscabada su autoridad única.[214]

En respuesta a este reclamo, Grudem argumenta que la profecía no amenaza ni compite con la Escritura en autoridad, *sino que está sujeta a la Escritura*, así como también al juicio maduro de la congregación, porque la profecía no es hablada en palabras que sean las mismas palabras de Dios, sino más bien en meras palabras humanas.[215] De la misma forma, Gentile señala que la profecía complementa la Escritura. Para él, en el Nuevo Testamento se enseñó y se experimentó un ministerio profético único y común, que por la posibilidad de falibilidad, requirió que se probara y se aprobara.[216]

Ruthven afirma que el problema principal de la posición cesacionista es "la confusión de la *suficiencia* de la revelación, es decir, la manifestación histórica única de Cristo y la doctrina apostólica revelada finalmente en las Escrituras, con los *medios* procesales de comunicación, expresando y aplicando esa revelación, por medio de la *charismata*, incluyendo los dones de profecía y de milagros".[217] En otras palabras, la charismata—los dones—no acreditan el Evangelio, ni sustituyen el Evangelio; más bien, la *charismata* expresa el Evangelio. Así como el proceso físico de predicar el Evangelio no niega su mensaje, así también el don de la profecía no sustituye ni disminuye la importancia del sacrificio de gracia de Cristo.

La *Confesión de Fe de Westminster* provee algunos comentarios sobre este punto de vista. Por ejemplo, establece que "la totalidad del consejo de Dios, concerniente a todas las cosas necesarias para su propia gloria y para la fe, vida y salvación del ser humano, está expresamente expuesto en la Biblia, o por buena y necesaria consecuencia puede deducirse de la Biblia, a la cual nada debe añadirse en ningún tiempo ya sea por nuevas revelaciones del Espíritu o por las tradiciones de hombres".[218] Douglas Oss propone que la frase "nuevas revelaciones del Espíritu" se refiere a revelaciones no-canónicas, pero reales, las cuales están sujetas a la Biblia y no han de ser añadidas en la canon.[219]

La *Confesión de Fe de Westminster* también expresa: "El Juez Supremo por el cual deben decidirse todas las controversias religiosas, todos los decretos de los concilios, las opiniones de los escritores antiguos, las doctrinas de hombres, y de espíritus privados, y en cuya sentencia debemos descansar, no es ningún otro más que el Espíritu Santo que habla en las Escrituras".[220] La mención de "espíritus privados" no niega su existencia, sino que indica que están sujetos a la autoridad de la Biblia junto con todos los decretos de los concilios, las opiniones de los escritores antiguos y las doctrinas de los hombres. Por lo tanto, cuando la *Confesión de Fe de Westminster* expresa que las formas en que Dios ha revelado Su voluntad a Su pueblo ya habían cesado, no está diciendo que Dios ya no se revela de ninguna manera extraordinaria, sino que el Canon está cerrado y es la única norma de fe y práctica.[221]

ARGUMENTO DE LA HISTORIA DE LA IGLESIA

Los cesacionistas también argumentan que la historia de la Iglesia no confirma la continuación del ministerio profético y la profecía. Para ellos, se trata de un hecho histórico el que los dones milagrosos cesaron bien temprano en la historia de la Iglesia cuando los apóstoles murieron. Otros, como John MacArthur, argumentan que las señales y las maravillas no eran fenómenos habituales en la historia, y ni siquiera en tiempos bíblicos.[222] En respuesta a este argumento debe decirse que, como ya se ha visto en este libro, hay prueba histórica, robusta y convincente de que el ministerio profético, la profecía y muchos otros dones milagrosos ocurrieron a lo largo de la historia de la iglesia en mayor o menor grado.

En relación con este argumento Grudem expresa que:

"También hubo personas que reclamaban ser profetas a través de la historia de la iglesia temprana—el problema es que malinterpretaron sus dones con demasiada frecuencia, u otras personas los malinterpretaron, de modo que sus palabras fueron (erróneamente) entendidas como verdaderas palabras de Dios. Algunas veces eran toleradas, y otras veces eran una gran amenaza para el liderazgo establecido de las iglesias y comenzaban grupos disidentes—trágicamente, ya no estaban bajo la autoridad que ejercía orden y evaluación de las iglesias establecidas. En adición, otros pudieron haber tenido "revelaciones" las cuales no expresaron, o, simplemente las incluyeron en una oración sin ningún comentario, o en un sermón o en una palabra de exhortación, o en la redacción de un himno o en alguna literatura devocional."[223]

ARGUMENTO DEL DESBALANCE Y ABANDONO DE LA SANA DOCTRINA

Un último argumento de la posición cesacionista que deseo mencionar es el que las iglesias que hacen hincapié en la profecía y en las manifestaciones espirituales se encuentran en peligro de ser desbalanceadas y abandonan la sana doctrina, por lo que deben ser evitados ya que son fácilmente utilizados erróneamente. No hay duda de que el ministerio profético ha sido usado erróneamente en el pasado—así como el ministerio del pastor, del maestro y del evangelista—sin embargo, esto no es una prohibición de su práctica y su aplicación en la iglesia. Los líderes cristianos deben ser lo suficientemente responsables como para evaluar, probar y examinar las prácticas de sus iglesia. Sin embargo, como Gordon Fee declara: "El antídoto para el abuso es el uso adecuado".[224]

CAPÍTULO 6

ENFOQUES DE COMO PROFETIZAR

". . . Y vuestros hijos y vuestras hijas profetizarán; Vuestros jóvenes verán visiones, Y vuestros ancianos soñarán sueños".

Hechos 2:17

Hay una variedad de enfoques sobre la forma de cómo profetizar. Sin embargo, estos enfoques son distintos y particulares con cada autor dependiendo de su trasfondo y tradición teológica. En este capítulo nos concentraremos en un análisis de las formas de recepción, entrega y examen de la profecía.

PERSPECTIVAS Y MODOS DE RECIBIR Y COMUNICAR PALABRAS PROFÉTICAS

Durante los últimos treinta años, la influencia y práctica del ministerio profético ha crecido en muchos entornos pentecostales y carismáticos. Como ya hemos visto, la existencia del ministerio profético se puede rastrear a lo largo de la historia de la Iglesia, ha crecido a tal magnitud y aceptación que está barriendo a través de los círculos pentecostales y carismáticos.

Sin embargo, del estudio de las Escrituras y sus verdades fundamentales, así como al investigar la historia de la Iglesia, la teología y una revisión de la literatura contemporánea, parece que muchas de las prácticas actuales defendidas bajo el estandarte del ministerio profético son deficientes en su fundamento. Una revisión de la historia demuestra que las prácticas bíblicas y no bíblicas a menudo han sido aceptadas y/o adoptadas sin dudar de ellas, ya sea como resultado de la tradición o por la posición influyente del liderazgo de un grupo que promueve la enseñanza. Desafortunadamente, hay pocos creyentes que muestran la diligencia de los de Berea "examinando las Escrituras diariamente" (Hechos 17:10-11) para determinar si las enseñanzas traídas por cualquier ministro son verdaderas. El ministerio profético ha sido defendido por libros populistas los cuales han sido promovidos principalmente por casas editoras legas. Por lo tanto, no se encuentran muchas publicaciones eruditas sobre este tema.

Como ministro itinerante, he visto muchas congregaciones y líderes de iglesias en varias naciones. Después de haber dialogado con ministros proféticos y líderes de iglesias, se hace evidente que sólo un puñado de ellos han estudiado los fundamentos bíblicos y teológicos para una práctica sana y eficaz. Las presiones de la responsabilidad de sus congregaciones y la filosofía anti-académica de algunos ministros en el segmento carismático y pentecostal de la Iglesia en relación a la preparación ministerial profesional han impedido efectivamente una investigación formal y seria sobre este tema. Es por eso que muchos líderes dependen en gran parte de una información que es fácilmente accesible y atractiva, bien superficial, la cual ha sido pre-empacada en forma de libros populares, artículos de Internet y también divulgada por los medios de comunicación cristianos, seminarios y conferencias. Esta información es, por lo tanto, la base de su ministerio profético en sus iglesias locales. Es por tal razón que en este capítulo mi intención es presentar una perspectiva sólida de la forma de recibir y de cómo dar expresiones proféticas.

Como mencioné anteriormente, la profecía puede ser definida como la declaración de un mensaje de Dios, no conocido por medios naturales, sino por la revelación divina y se entrega por medio de la intervención humana. En este sentido, Gentile ofrece una definición sólida de la profecía al afirmar que "la profecía consiste en recibir una revelación de Dios y luego informar esa revelación públicamente *bajo el ímpetu* del Espíritu Santo".[225] Así que, en su forma más simple, la profecía es escuchar a Dios y repetir a otra persona Sus palabras. Sin embargo, como Sandford declara: "Escuchar a Dios es difícil, porque la carne interfiere bien rápido".[226] Escuchar a Dios no es un acto pasivo porque Él no le envía a las personas correos electrónicos o escribe Su mensaje de manera clara y sencilla.

Escuchar a Dios es un trabajo activo, realizado al *descansar en Su presencia por gracia*. Es una habilidad que requiere el tesón y el ahínco de vivir una vida humilde y de tener una actitud enseñable con el fin de aprender a través de la práctica a discernir lo que es verdaderamente de Dios y aquello que no lo es. Se requiere mucha paciencia, persistencia y disciplina. Escuchar requiere también la preparación y la iluminación de la Palabra de Dios, la cual es "la despensa que utiliza el Espíritu Santo cuando nos habla".[227]

La profecía puede ser recibida de muchas maneras. Porque Dios es Dios, se pueden comunicar a los seres humanos de formas ilimitadas, sin embargo, en este libro sólo voy a mencionar las formas bíblicas más básicas y comunes en las que Él se está comunicando hoy con Su pueblo: en voz audible, impresiones, visiones y trances, sueños y expresiones espontáneas.

EN VOZ AUDIBLE

En el Antiguo Testamento, Dios habló a través de una voz audible a muchos de Sus siervos. Dado que las personas en el antiguo Israel vivían en un mundo de dioses impersonales y adoraban al sol, las estrellas y la luna, como también a ídolos, la comunicación de Dios a Sus hombres escogidos, por medio de Su voz audible, tenía el propósito de afirmar que Él era un Dios personal. Deere expresa que "debido a que escucharon hablar a Dios en una voz audible, los israelitas se dieron cuenta que servían a un Dios personal que estaba por encima de toda la creación, no parte de ella (Deut. 4:15-20), y que su Dios era único entre todas las deidades paganas (v. 35)".[228] Es por tal razón que los israelitas creían que estaban colocados en una posición de privilegio. Porque escuchaban la voz de Dios, sabían que eran únicos y privilegiados entre todos los pueblos y las naciones de la tierra.

Sin embargo, el modo normal de comunicación de Dios a los profetas del Antiguo Testamento era a través de sueños y visiones porque escuchar la voz audible de Dios no era normal en absoluto. Pero, en el Nuevo Testamento la voz audible de Dios vino a ser una persona, Jesús el Hijo de Dios, completamente hombre, completamente Dios. Aun Su Padre le habló audiblemente a Su Hijo Jesús desde el cielo en Su bautismo (Mateo 3:17), en la transfiguración (Mateo 17:5) y antes de que Él experimentara la cruz (Juan 12:27-33).

Al igual que en los días de la Biblia, Dios habla en voz audible en la actualidad. Nada en la Escritura enseña que una vez la Biblia fue terminada y cerrada, Dios dejó de hablar en voz audible a los seres humanos. Sin embargo, la mayoría de las veces hay un pensamiento fuerte, persistente y firme o una impresión mental innegable que la persona percibe de parte de Dios, que es similar e incluso puede ser idéntica a la experiencia del Antiguo Testamento de escuchar la voz audible de Dios.[229] Por lo tanto, si una persona realmente escucha una voz audible o recibe una impresión mental del Espíritu Santo, puede significar que él o ella deba repetir lo que Dios le ha hablado. El poder del Espíritu Santo vendrá sobre aquellas personas para que puedan decir exactamente lo que escucharon.

IMPRESIONES

El Espíritu Santo también habla por medio de las impresiones. Las impresiones pueden definirse como la influencia del Espíritu Santo sobre los sentimientos, los sentidos físicos o los pensamientos. Por ejemplo, una percepción espiritual es una impresión, y no necesariamente es visual. Las impresiones espirituales son, básicamente, un *"conocer"* en el cual el profeta ve algo en su espíritu, pero no en su mente.

Las impresiones se asemejan a la intuición en que ambas comunican conocimiento directamente, sin ninguna evidencia racional o inferencia lógica para apoyar ese conocimiento. Sin embargo, las impresiones reveladoras sobrenaturales difieren de la intuición en que vienen del Espíritu Santo, mientras que la intuición surge desde el interior del espíritu humano.

La importancia de las impresiones es que Dios las usa para traer revelación siempre que una decisión necesita ser tomada. Por ejemplo, Nehemías dijo cómo Dios lo dirigió por medio de una impresión cuando dijo: "Entonces mi Dios puso en mi corazón reunir a los nobles, a los oficiales y al pueblo para que fueran inscritos por genealogías" (Nehemías 7:5). Desde un punto de vista bíblico, el corazón es el centro de las emociones y los sentimientos. Nehemías siguió un sentimiento que entendió que provenía directamente de Dios.

Las impresiones también pueden ser recibidas a través de fragmentos de frases y de palabras sueltas. A menudo, el Espíritu Santo puede hablar mediante la inserción de oraciones, frases o tan sólo por algunas palabras en la mente. Puede ser que el individuo no entienda esas frases o palabras en ese momento. Cuando esto sucede, el fragmento o la palabra que aparece de repente en la mente, no parece provenir de la mente per se. Aún cuando se reconoce como un pensamiento en la mente, se trata más bien de una impresión.

Las impresiones también pueden contener manifestaciones físicas. Aún cuando nuestros cuerpos se encuentran en la esfera física, *el Espíritu Santo puede hablarnos a través de nuestros propios cuerpos*. Es interesante que las manifestaciones físicas o las señales corporales han sido siempre un tema controversial en la Iglesia. Deere señala: "Son víctimas de abuso y de fabricación. Las personas que las tienen pueden sentirse superiores a otras personas. Las personas que no los experimentan pueden pensar que aquellos que sí las experimentan tienen problemas mentales. Pero éstas no son buenas razones para rechazar las señales".[230] Son reales y debemos prestar mucha atención a nuestro cuerpo porque puede que Dios se esté comunicando con nosotros por medio del mismo.

VISIONES Y TRANCES

En el caso de las visiones, una persona describe una imagen que ha visto, como lo hizo Juan (Apocalipsis 1:11). Estas imágenes mentales a menudo hacen una declaración mucho más clara que las palabras. Por lo general, la persona que recibe la visión, simplemente la narra según la ha visto o cómo ve que se va desarrollando en su mente. Pero sobre todo, una visión divina es respaldada por la presencia especial y la unción del Espíritu Santo.

Estas visualizaciones vívidas son a veces mejor conservadas en la memoria humana que cualquier palabra. Gentile expresa: "Una revelación de Dios tiene un toque único en él. No hay tanta claridad de la imagen, la lógica de la secuencia, la contundencia de significado y poder de expresión que claramente se puede atribuir a Dios".[231]

Las visiones están estrechamente relacionadas con los sueños. Se producen en un momento en que el individuo está completamente despierto y consciente. Pueden comenzar primero con imágenes mentales las cuales son imágenes o destellos de un segundo o menos de duración. El término "vidente", aplicado a un profeta, se refiere a ver visiones (Números 12:6). Las visiones entonces, vienen en muchos grados como si el Espíritu Santo estuviera parpadeando imágenes a través de una pantalla en el interior de la mente, con o sin interrupción de pensamientos conscientes.

En ocasiones, las cosas que la gente ve en sus mentes las descartan como producto de su imaginación. Ya que estas revelaciones llegan en forma de simples pensamientos, son pasadas por alto. Algunas personas incluso descartan estas imágenes y pensamientos porque en sus mentes parece que ellos mismos son quienes las fabrican o piensan que no estaban orando cuando se produjeron. Sin embargo, las personas no deben descartarlas porque el Espíritu Santo opera y revela Sus pensamientos a través de la mente de la humana.

Los trances son similares a las visiones. Un trance es un estado visionario en el cual se recibe una revelación y se produce mientras el individuo está despierto. Es un estado en el cual el cuerpo experimenta algún tipo de emoción o éxtasis que es producido sobrenaturalmente (Hechos 22:17). También puede ser descrito como un estado extático en el que un profeta ya no está perceptivamente limitado a una conciencia o volición natural. Él está "en el Espíritu", donde la conciencia plena de lo natural puede ser temporalmente trascendida. Blomgren afirma que "una persona no tiene que estar en trance para estar 'en el Espíritu'. No obstante , una persona que ha tenido una experiencia de Dios de un trance puede decirse adecuadamente que ha estado 'en el Espíritu'".[232] Esta forma de comunicación de Dios es bíblica y Dios todavía se utiliza hoy en día.

SUEÑOS

Dios todavía sigue hablando hoy por medio de los sueños. Él usa los sueños para hablarle a los profetas mientras duermen, ya que es un momento donde están bien receptivos. Los sueños consisten en imágenes—acompañadas de pensamientos y emociones—las personas "ven" mientras están dormidas. Las imágenes pueden contar una historia coherente o puede que no hagan ningún sentido en absoluto. Los sueños son similares a las visiones, pero éstas se producen mientras el individuo está despierto.

La Escritura no hace distinciones entre los sueños y visiones. Utiliza términos distintivos para describir la misma experiencia

(Daniel 7:1-2). Por ejemplo, durante los tiempos bíblicos era común el que Dios hablara a la gente a través de sueños, visiones y trances, y la ausencia de estos era, por lo general, una señal del juicio de Dios contra la apostasía (Lam 2:7; Miqueas 3:6-7; 1 Samuel 3:1). En el Antiguo Testamento, los sueños y las visiones eran principalmente para los profetas (Números 12:6), pero con la venida del Espíritu Santo en el Nuevo Testamento, los sueños y las visiones, y otras experiencias proféticas, vinieron a ser la experiencia normal para toda la Iglesia (Hechos 2 :17-18).[233] En el último análisis, se supone que los sueños sean una parte normal de la vida del creyente, ya que están claramente presentados en la Biblia.

EXPRESIONES ESPONTANEAS

Uno de los enfoques o prácticas más comunes sobre la manera de cómo transmitir un mensaje profético de parte de Dios en la Iglesia Pentecostal y Carismática del siglo veinte fueron las expresiones espontáneas. En la actualidad, cuando la profecía llega como una explosión espontánea de palabras, generalmente se caracteriza por un estilo pentecostal más dinámico de profecía. Gentile lo llama "la unción inmediata".[234]

Este tipo de revelación no es premeditada. Como el agua que brota de una cañería principal al romperse, así también son las palabras proféticas que salen de la boca del profeta. A menudo, una persona se siente muy emocionada y con tal poder, que parece que el mensaje va a explotar.

En este sentido, la profecía es una comunicación inmediata de Dios en el lenguaje común porque el enfoque principal está en las palabras habladas, palabras humanas influenciadas por el Espíritu Santo. Es por eso que cuando ocurre la profecía, éste es un evento extraordinario, un "milagro en la forma de palabras habladas".[235] Entonces, la profecía es el evento en que Dios habla directamente con palabras humanas en las mentes y los espíritus de Su pueblo.

La profecía, aunque procede de la revelación, debe encontrar una correspondencia en fe. La persona que profetiza lo hace por fe, creyendo que Dios hablará a través de sus palabras. El profetizar viene a través de *la valentía de lanzarse* a hablar, *creyendo* que Dios proveerá las palabras. *Sin embargo, esto no siempre es fácil, porque el que está profetizando, por lo general, no sabe nada de lo que se dirá de antemano y debe confiar totalmente en el Espíritu de Dios.*[236]

No hay una forma establecida para el lenguaje que se usa en una profecía. Cuando Dios está hablando a través de las palabras de una verdadera profecía, el lenguaje es casi siempre en primera persona, al igual que el lenguaje de Hechos 13:2: "El Espíritu Santo dijo: 'Apartadme a Bernabé y a Saulo para la obra a la que los he llamado'". El lenguaje también puede ser en tercera persona, como el de Agabo: "Así dice el Espíritu Santo: 'Así atarán los judíos en Jerusalén al dueño de este cinto, y lo entregarán en manos de los gentiles'" (Hechos 21:11). Dios habla a través de la boca de la gente, y también de muchas otras maneras así como Él desee.

ENFOQUES DE COMO EXAMINAR LA PROFECÍA

El examinar la profecía en la Iglesia no debe ser una experiencia disidente y dolorosa, sino más bien una experiencia beneficiosa, positiva y valiosa. Por lo general, hay creyentes bien intencionados que se sienten bastante incómodos y aprensivos al momento de juzgar o probar las expresiones proféticas de las personas que las traen, sin embargo, es extremadamente importante. Debido a las consecuencias de lo profético en la iglesia local, hay una necesidad de evaluar todas las expresiones proféticas.

¿POR QUÉ EXAMINAR LA PROFECÍA?

Ni el profeta ni su profecía son infalibles. Así como señala Gentile: "El profeta y el mensaje no son correctos porque ellos lo digan o porque la gente piense que sí lo es, son correctos sólo si el profeta y el mensaje cumplen con los criterios apostólicos para la edificación de la Iglesia".[237] Como dice el Apóstol: "Amados, no creáis a todo espíritu, sino probad los espíritus para ver si son de Dios, porque muchos falsos profetas han salido al mundo" (1 Juan 4:1).

Al discutir la importancia de probar la profecía, estoy de acuerdo con el enfoque práctico de Graham Cooke. "En primer lugar, es bíblico y correcto hacerlo. En segundo lugar, ningún ministerio, no importando quien sea, está exento del proceso de evaluación. En tercer lugar, no es una falta de respeto o deslealtad el examinar las palabras de otras personas. En cuarto lugar, los líderes locales, así como también los ministerios internacionales tienen que someterse a examen. En quinto lugar, el proceso de evaluación es de vital importancia, ya que elimina cualquier influencia del enemigo, al mismo tiempo consolida el propósito de Dios en nuestras mentes conscientes".[238]

Un enfoque básico de cómo examinar la profecía consiste de seis categorías: fuente u origen, propósito, el contenido del mensaje, el individuo que profetiza, la entrega del mensaje y la respuesta de la persona que recibe la profecía.

FUENTE

Al examinar la profecía, cada creyente debe comenzar por analizar su fuente u origen. Toda verdadera profecía se origina en Dios. Sin embargo, hay tres fuentes principales de profecía: el Espíritu Santo, nuestra humanidad y los demonios. Así que la fuente de toda profecía genuina o verdadera es Dios mismo, testificando por el Espíritu Santo, a nuestro espíritu, y esto lo sabemos cuándo se confirma por medio de los principios que se encuentran en la Escritura.

Por otro lado, los creyentes, por lo general, no están bajo la influencia de inspiración demoníaca, sino que son más propensos a tener problemas con su proceso de pensamiento y sus emociones. Por lo tanto, el carácter y la reputación de la persona que habla, así como su nivel espiritual, son por lo general una clara indicación de su origen.[239] No obstante, debemos estar alertas porque toda expresión profética demoníaca trae molestias, desorientación e incomodidad.

PROPÓSITO

La verdadera profecía también debe exaltar y glorificar a Jesucristo. Las verdaderas expresiones proféticas son para exaltar el gobierno de Jesús y Su reinado sobre la Iglesia. En adición, la verdadera profecía siempre exaltará a Cristo, Su humanidad y Su divinidad. Es Jesucristo mismo *edificando*, *exhortando*, *alentando* y *consolando* a Su Cuerpo a través de una profecía.

CONTENIDO DEL MENSAJE

El mensaje dado en una profecía debe estar de acuerdo con la letra y el espíritu de las Escrituras, la Biblia. Además, el contenido teológico y doctrinal debe ser sólido y con sustancia. En esencia, su contenido y su mensaje no contradicen la Escritura y/o principios teológicos y doctrinales fundamentales.

EL INDIVIDUO QUE PROFETIZA

Otro aspecto importante para probar la profecía es examinar la vida de la persona que profetiza. Cada persona que da un mensaje profético debe tener a Jesús como Señor de su vida y estar llena del Espíritu Santo. Esta persona debe reflejar a Dios, santidad, carácter, y mostrar los frutos del Espíritu Santo en su vida.

También es de suma importancia el observar su nivel de sumisión a la Palabra de Dios y al gobierno de la iglesia local. Éstas son algunas preguntas que deberíamos hacer: ¿Tiene una relación de pacto con su pastor y con los líderes de su iglesia? ¿Es parte de los ancianos de su iglesia local? ¿Qué tan bien se conoce a esta persona? ¿Cuál es su reputación? ¿Cómo se comporta con su esposa y su familia? ¿Qué tipo de frutos provienen de su ministerio?

Éste es uno de esos aspectos que se queda corto en muchos de los profetas de hoy. He visto a tantos hombres buenos, con un don profético certero, sin embargo, sus vidas están en desorden sin que tengan ningún tipo de relación ministerial de pacto, ni tampoco el gobierno de una iglesia local. Es triste decir que, a lo largo de su peregrinaje, siempre caen. *Un profeta sin rendir cuentas está destinado a una caída evidente. Sin embargo, la rendición de cuentas sin amistad es muy destructiva. ¡Te despoja de tu autoestima y te aplasta el alma!*

ENTREGANDO EL MENSAJE

También es muy importante el observar la forma utilizada al dar el mensaje profético. La gente debe entender la profecía. Es de vital importancia que engrane con el fluir y el orden del servicio. Éstas serían algunas de las preguntas que debemos hacer en este aspecto: Cuando observamos a la persona que está profetizando, ¿está fuera de control? ¿Son sus expresiones y modales socialmente aceptables? ¿Cómo está expresado el amor dentro de la profecía? ¿Está tratando de manipular o ejercer el control por medio de la expresión profética?

LA RESPUESTA DE LA PERSONA QUE RECIBE LA PROFECÍA

Por último, a la hora de juzgar y probar la profecía, debemos examinar la respuesta del destinatario a la palabra profética. El que recibe una palabra profética debe sentir el testimonio del Espíritu Santo en su espíritu. Éstas son algunas preguntas a considerar: ¿Está experimentando la paz del Espíritu Santo? ¿Cree que Dios le está hablando? ¿Siente el sentido de dirección de continuar hacia adelante en la vida o en el ministerio? ¿Se siente edificado? ¿Se siente consolado? ¿Se siente exhortado?

¿QUIÉN JUZGA LA PROFECÍA?

Es importante señalar que la profecía debe ser juzgada por aquellos que son líderes establecidos en la iglesia local. Aquellos que no son líderes, no debe presumir que pueden examinar la expresión proféticas por sí mismos, sino que deben confiarle a aquellos que están maduros el que determinen el asunto. Gentile señala que cuando los líderes concluyen que una profecía no es de Dios, deben de manejar el asunto en un espíritu de amor. Si la profecía fue dada públicamente, muchas veces una breve explicación será suficiente para informarle a la gente que ésta profecía fue examinada por el liderazgo y se concluyó que no es de Dios. Por otra parte, el examinar o corregir una mala profecía debe hacerse, si es posible, en el servicio mismo donde se produce, y es necesario mucha sabiduría y tacto en el manejo del asunto.[240]

Para terminar, me gustaría mencionar cinco criterios dados por John Wimber para probar la profecía en la iglesia local:[241]

Primero, la profecía personal debe glorificar la Palabra viva de Dios, Jesucristo. Segundo, los mensajes proféticos deben ajustarse a las Escrituras. Tercero, la profecía no se debe utilizar para establecer doctrina o práctica. Cuarto, aquellos que dan una palabra profética deben ser de buen carácter moral, sometidos al señorío de Jesús y estar produciendo buenos frutos en su ministerio. Quinto, nadie debe tomar decisiones importantes basándose solamente en palabras proféticas personales (1 Cor 14:27-32).

CAPÍTULO 7

CONCLUSIÓN

"Este trabajo debe continuar hasta que estemos todos unidos en lo que creemos y conocemos acerca del Hijo de Dios. Nuestra meta es convertirnos en gente madura, vernos tal como Cristo y tener toda su perfección".

Efesios 4:13 (WBES)

La controversia y la crisis son la orden del día en la Iglesia. Cuando el apóstol Pablo escribió su primera carta a los Corintios, esta iglesia del primer siglo estaba sumergida en una polémica sobre la naturaleza y la práctica del ministerio profético, entre otros asuntos. Muchas prácticas falsas, creencias erróneas y abusos eran la orden del día.

Del mismo modo, la Iglesia de hoy se enfrenta al reto de enfrentar y exponer las prácticas en el ámbito de lo profético; prácticas que no son bíblicas y están impregnadas de falsa doctrina.

Durante décadas, la Iglesia ha sido objeto de un espíritu desenfrenado de falsa profecía que plantea peligros, así como lo son el fanatismo y el exclusivismo en la vida de la Iglesia. Sin embargo, aun cuando las prácticas proféticas no bíblicas han desafiado las filas del ministerio en la Iglesia, el ministerio profético sigue siendo un ministerio bíblico establecido por Dios para su bienestar.

Esta premisa puede ser apoyada por una declaración poderosa: *Dios sigue comunicándose activamente a Su Iglesia por medio del ministerio profético.* Él es la fuente, el origen de la profecía en la Iglesia. Su voz sigue transformando la vida y la práctica de Su Cuerpo. Aún cuando los adherentes del cesacionismo y del evangelicalismo ortodoxo y conservador sostienen, erróneamente, que no hay revelación continua de parte de Dios, el sector pentecostal y carismático de la cristiandad afirma la continuación de la revelación por medio de los dones del Espíritu Santo y, por consiguiente, a través del ministerio profético. La validez y la legitimación del ministerio profético en la Iglesia de hoy es evidente y auténtica y, por lo tanto, bíblica y teológicamente correcta. Es teológicamente correcto decir que la Iglesia escucha la voz de Dios a través de muchos medios y el ministerio profético es uno de ellos.

La revelación es el medio por el cual Dios se comunica con Su pueblo proféticamente. Él no ha cambiado en Su deseo de comunicarse directamente con Sus hijos. Él está listo para proveer por medio de Su Espíritu, revelación y sabiduría para que tengamos una comprensión más profunda de Jesús, y revelación y profecía para hablarle a Su pueblo. Sin embargo, tal revelación está completamente subordinada a la Escritura. La revelación especial, es decir, la Biblia, fue dada por Dios a través de los profetas del Antiguo Testamento, de Jesús, y de los primeros apóstoles. El Canon está cerrado. No hay nada más que añadir, ya que la verdad de Dios ha sido totalmente declarada.[242]

Ciertamente, el ministerio profético no cesó o desapareció a lo largo de la historia. Una fuerte evidencia apoya que el ministerio profético no desapareció con la muerte del último de los apóstoles, así como los cesacionistas reclaman. Aun cuando el ministerio profético no era tan común como en los primeros siglos de la era cristiana, y su impacto disminuyó durante siglos posteriores, estuvo activo entre unos pocos individuos y grupos que fueron designados divinamente por el Espíritu Santo. Hoy, la Iglesia Pentecostal y Carismática está experimentando un resurgimiento profunda de este ministerio. Dios sigue comunicándose a Su Cuerpo por medio de este ministerio porque Él es un Dios personal y amoroso, y él mismo es testimonio de Su naturaleza amorosa.

Los pentecostales, carismáticos, y sobre todo, los neo-carismáticos—sector de iglesias independiente—creen que para que la Iglesia pueda experimentar la experiencia completa del Nuevo Testamento y la manifestación del Espíritu Santo, debe recuperar su diseño y la práctica neo testamentaria. Esto implica que el ministerio profético, como oficio, debe estar plenamente activo en la iglesia local con el fin de equipar al Cuerpo de Cristo para la obra del ministerio (Efesios 4:11-12). La iglesia local no será tan eficaz como debería ser a menos que el ministerio profético sea aceptado y reconocido por la iglesia en general. Para que la Iglesia pueda alcanzar Su madurez plena, necesita abrazar al ministerio profético como un ministerio bíblico ordenado por Dios.

Es hora de que el oficio del profeta se levante en la iglesia local en poder y autoridad, confiando en la poderosa victoria que Jesucristo ya le ha asegurado sobre el mundo, la carne y el diablo. La proclamación del mensaje de Dios a través del ministerio profético de que Jesucristo es el Señor de la Iglesia, barrerá con la superstición y el miedo que ha envuelto a demasiados cristianos por mucho tiempo en la muerte de la incredulidad y de las prácticas anti-bíblicas. En la gracia y el amor insondable de Dios, Él nos ha dado Su Palabra, Su Espíritu y los ministerios, como el de los profetas, (Efesios 4:11) a fin de que "seáis llenos del conocimiento de su voluntad en toda sabiduría y comprensión espiritual. . . fortalecidos con todo poder, según la potencia de su gloria" (Col 1:9, 11).

NOTAS

Rick Joyner, *The Prophetic Ministry* (Charlotte, NC: MorningStar, 1997), 13.

[2]David E. Aune, *Prophecy in Early Christianity and the Ancient Mediterranean World* (Grand Rapids, MI: William B. Eerdmans, 1983), 23-79.

[3]R. Whybray, "Prophets: Ancient Israel," *The Oxford Companion to the Bible*, ed. Bruce Metzger and Michael D. Coogan (New York, NY: Oxford University Press, 1993), 621.

[4]Kevin J. Vanhoozer, ed., "Prophecy and Prophets in the Old Testament," *Dictionary for Theological Interpretation of the Bible* (Grand Rapids, MI: Baker, 2005), 626. See also Whybray, 621.

[5]C. M. Robeck Jr., "Gift of Prophecy," *Dictionary of Pentecostal and Charismatic Movements*, ed., Stanley M. Burgess and Gary B. McGee (Grand Rapids, MI: Zondervan, 1988), 729.

[6]Robeck, 728.

[7]Robeck, 729.

[8]Aune, 23.

[9]H. W. Park, *The Oracles of Zeus* (Oxford: Basil Blackwell, 1967), 259-272.

[10]Robeck, 729.

[11]Richard E. Oyster Jr., "Ephesus," *The Oxford Companion to the Bible*, ed., Bruce Metzger and Michael D. Coogan (New York, NY: Oxford University Press, 1993), 189.

[2]Oyster, 189.

[3]Christopher Forbes, *Prophecy and Inspired Speech in Early Christianity and Its Hellenistic Environment* (Peabody, MA: Hendrickson, 1995), 301.

[4]Forbes, 301.

[5]Forbes, 301.

[6]Augustine, "The City of God," *Nicene and Post-Nicene Father* (NPNF), 1nd Series, vol. 2. ed. Phillip Schaff on CD-ROM. Book for the Ages. Ages Software Version 1.0c. 1997, 11.408.

[7]Forbes, 302.

[8]Robeck, 729.

[9]Robeck, 729-730.

[20]Thomas W. Gillespie, *The First Theologians: A Study in Early Christian Prophecy* (Grand Rapids, MI: Eerdmans, 1994), 48.

[2]Forbes, 318.

[22]Robeck, 731.

[23]Robeck, 731.

[24] Hobart E. Freeman, An *Introduction to the Old Testament Prophets* (Chicago, IL: Moody, 1968), 130.

[25]Aune, 103-106.

[26]Aune, 105.

[27]F. Wilbur Gingrich, *Shorter Lexicon of the Greek New Testament,* revised by Frederick W. Danker (Chicago, IL: The University of Chicago Press, 1983), 22.

[28]Robeck, 732.

[29]Jon Mark Ruthven, "The Gift of Prophecy," *Encyclopedia of Pentecostal and Charismatic Christianity*, ed. Stanley M. Burgess (New York, NY: Berkshire, 2006), 390.

[30]Ruthven, 390.

[31]J. Rodman Williams, *Renewal Theology: Salvation, The Holy Spirit, and Christian Living*, vol. 2 (Grand Rapids: Zondervan, 1990), 158.

[32]A. Lamorte and G. F. Hawthorne, "Prophecy, Prophet," *Evangelical Dictionary of Theology*, sec. ed., Walter A. Elwell (Grand Rapids: Baker Academic, 2001), 960.

[33]Leon J. Woods, *The Prophets of Israel* (Grand Rapids: Baker, 1979), 63.

[34]Gentile, 43.

[35]Walter C. Kaiser, *Back Toward the Future: Hints for Interpreting Prophecy* (Grand Rapids: Baker, 1989), 74.

[36]Whybray, 620.

[37]Gentile, 42.

[38]Aune, 83.

[39]Aune, 83.

[40]Lamorte and Hawthorne, 960.

[41]John Sandford, and Paula Sandford, *The Elijah Task* (Tulsa: Victory House, 1977), 4.

[42]Wayne Grudem, *The Gift of Prophecy in the New Testament and Today* (Wheaton, IL: Crossway, 1988), 11-16.

[43]Grudem, 11-16.

[44]Vanhoozer, 626.

[45]Vanhoozer, 626.

[46]Aune, 83-85.

[47]Whybray, 621.

[48]Robeck, 731.

[49]R. Rendtorff, "Prophets: B: The Old Testament," *Compendio del Diccionario Teológico del Nuevo Testamento*, ed. Gerhard Kittel, Gerhard Friedrich and Geoffrey W.Bromiley (Grand Rapids, MI: Libros Desafío, 2002), 932-933. *Theological Dictionary of the New Testament: Abridged in One Volume,* ed. Gerhard Kittel, Gerhard Friedrich and Geoffrey W Bromiley (GrandRapids, MI: Zondervan, 1985). See also Whybray, 621.

[50]Aune, 84.

[51]S. Mowinckel, *The Psalms in Israel's Worship*, vol. 2, trans. D. R. Ap-Thomas (Nashville: 1962), 58-68; citado en David Aune, *Prophecy in Early Christianity and the Ancient Mediterranean World* (Grand Rapids, MI: Eerdmans, 1983), 84, n. 19. Ver también Ps 20; 21; 50; 60; 72; 75; 82; 85:8-13; 89:19-37; 108; 110; 132:11-18.

[52]Whybray, 622.

[53]Aune, 85.

[54]Aune, 85.

[55]See, K. Baltzer, "Considerations Regarding the Office and Calling of the Prophet" HTR 61, (1968): 567-581; citado en David Aune, *Prophecy in Early Christianity and the Ancient Mediterranean World* (Grand Rapids, MI: Eerdmans, 1983), 85, n. 28.

[56]Aune, 153.

[57]Roger Stronstad, *The Prophethood of All Believers: A Study in Luke's Charismatic Theology* (Sheffield, England: Sheffield Academic, 1999), 36-37.

[58]Stronstad, 48.

[59]For a discussion on this topic, see Gentile, 137-140, and Aune, 153-161.

[60]James D. G. Dunn, *Jesus and the Spirit* (Philadelphia, PA: Westminster, 1975), 82.

[61]Brad H. Young, *Jesus the Jewish Theologian* (Peabody MA: Hendrickson, 1995), 198-199.

[62]Dunn, 82.

[63]Dunn, 83.

[64]James B. Shelton, *Mighty in Word and Deed: The Role of the Holy Spirit in Luke-Acts* (Peabody, MA: Hendrickson, 1991), 4.

[65]Gentile, 199.

[66]Stronstad, 120.

[67]Stronstad, 123.

[68]John MacArthur, *The MacArthur Study Bible*, Nashville (TN: Thomas Nelson, Inc.), 2006.

[69]MacArthur, *The MacArthur Study Bible*, 1719-1720.

[70]Kurt Aland, Matthew Black, Carlo M. Martini, Bruce M. Metzger, and Allen Wikgren, *The Greek New Testament* (Federal Republic of Germany: Biblia-Druck GmbH Stuttgart, 1983), 672.

[71]La palabra δίδωμι. Gingrich, 48.

[72]James A. Brooks and Carlton L. Winbery, *Syntax of the New Testament Greek* (Lanham, MD: University Press of America, 1979), 98, 114.

[73]Peter T. O'Brien, "The Letters to the Ephesians," *Pillar New Testament Commentary* (Grand Rapids, MI: William B. Eerdmans, 1999), 301.

[74]Markus Barth, "Ephesians: Translation and Commentary on Chapters 4-6." *The Anchor Bible*, vol. 34 A (Garden City, NY: Doubleday, 1974), 435.

[75]John Calvin, *The First Epistle of Paul The Apostle to the Galatians, Ephesians, Philippians and Colossians, Calvin's New Testament Commentary: A New Translation*. vol. 11, ed. by David W. Torrance and Thomas F. Torrance, trans. T. H. L. Parker (Grand Rapids: Wm. B. Eerdmans, 1965), 178.

[76]Gingrich, 173.

[77]Lamorte and Hawthorne, 960.

[78]T. K. Abbott, "A Critical and Exegetical Commentary on the Epistles to the Ephesians and to the Colossians," *The International Critical Commentary* (Edinburgh: T. & T. Clark, 1979), 117.

[79]Barth, 437.

[80]Calvin, 179.

[81]Aland, 672.

[82]La palabra καταρτισμὸν es un nombre, acusativo, masculino, singular, de καταρτισμός y significa equipar o entrenar. Ver a Gingrich, 104.

[83]Barth, 439.

[84]Paul L. King, "How the Five –Fold Ministry Can Equip the Church," Hand-out from DMIN 716-01 Ministry & Dynamics of the Holy Spirit, Oral Roberts University, September 2008.

[85]King, 2-3.

[86]King, 3.

[87]Paula A. Prince, *The Prophet's Handbook: A Guide to Prophecy and Its Operation* (New Kensington, PA: Whitaker, 2008), 245-246.

[88]Prince, 246.

[89]Prince, 247.

[90]Prince, 258-259.

[91] La palabra διακονίας es un nombre genitive, femenino, singular común de διακονίᾰ y significa servicio, oficio, o ministerio. Ver a Gingrich, 46.

[92] La palabra διώκετε es un verbo, imperativo, presente, activo 2da persona plural de διώκω y significa perseguir, corren detrás de, seguir a, esforzarse por, buscar a. Ver a Gingrich, 50.

[93]La palabra ἀγάπην es un nombre, acusativo, femenino, singular de ἀγάπη y significa amor, afecto. Ver a Gingrich, 2.

[94]MacArthur, *The MacArthur Study Bible*, 1719.

[95]La palabra ζηλοῦτε es un verbo, imperativo, presente, activo 2da persona plural de ζηλόω y significa esforzarse por—en un buen sentido—deseo, estar profundamente preocupado acerca de algo, mostrar celo. Ver a Gingrich, 84.

[96]La palabra πνευματικα, es un adjetivo, acusativo, neutral, plural de πνευματικός y significa algo relacionado al espíritu, espiritual, dones espirituales. Ver a Gingrich, 162.

[97]Norman Hillyer, "1 and 2 Corinthians," *The New Bible Commentary Revised*, ed. D. Guthrie and J. A. Motyer (Grand Rapids, MI: Eerdmans, 1970), 1069.

[98]Williams, *Renewal Theology: Salvation*, vol. 2, 340.

[99]John Calvin, *The First Epistle of Paul The Apostle to the Corinthians*, *Calvin's New Testament Commentary: A New Translation*. vol. 9, ed. by David W. Torrance and Thomas F. Torrance, trans. John W. Fraser (Grand Rapids: Eerdmans, 1960), 285.

[00]Archibald Robertson and Alfred Plummer, "A Critical and Exegetical Commentary on the First Epistle of Saint Paul to the Corinthians," *The International Critical Commentary* (Edinburgh: T. & T. Clark, 1963), 305.

[01]La palabra μᾶλλον es un adverbio, y significa "más, en vez de, a mayor grado. Ver a Gingrich, 121-122.

[02]Williams, 342. Ver cita 84.

[03]La palabra προφητεύητε es un verbo subjuntivo, presente, active, 2da persona plural de προφητεύω y significa "profetizar." Ver a Gingrich, 173.

[04]Williams, *Renewal Theology*, vol. 2, 380.

[05]Calvin, *Calvin's New Testament Commentary,* vol. 9, 285-286.

[06]W. Harold Mare, "1 Corinthians," *The Expositor's Bible Commentary*, vol. 10, ed. Frank E. Gaebelein (Grand Rapids, MI: Zondervan, 1976), 272.

[07]La palabra οἰκοδομὴν es un nombre, acusativo, femenino, singular de οἰκοδομή y significa "edificar, edificación, construir, levantar." Ver a Gingrich, 137.

[08]Williams, *Renewal Theology*, vol. 2, 383.

[09]William F. Orr and James A. Walther, "I Corinthians: Introduction With a Study of Life of Paul, Notes, and Commentary." *The Anchor Bible*, vol. 32 (Garden City, NY: Doubleday, 1976), 308.

[10]La palabra παράκλησιν es un sustantivo, acusativo, femenino, singular de παράκλησις y significa "animar, exhortar." Ver a Gingrich, 149.

[11]Williams, *Renewal Theology*, vol. 2, 383.

[12]Dunn, 229.

[13]La palabra παραμυθίαν es sustantivo, acusativo, femenino, singular, de παραμυθία y significa conforte, consolación. Ver a Gingrich, 149.

[14]Robertson and Plummer, 306.

[15]J. R. Williams, *Renewal Theology: The Church, The Kingdom, and Last Things*, vol. 3 (Grand Rapids: Zondervan, 1992), 173.

[16]Clifford Hill, *Prophecy Past and Present* (Crowborough, East Sussex: Highland, 1989), 242.

[17]Gentile, 144-145.

[18]Patrick Fairbairn, *Prophecy: Viewed in Respect to Its Distinctive Nature, Its Special Function, and Proper Interpretation* (Grand Rapids, MI: Baker, 1976), 30.

[19]Stronstad, 120.

[20]Gentile, 146.

[21]Graham Cooke, *Developing Your Prophetic Gifting* (Kent, UK: Sovereign Word, 1994), 141.

[22]Joyner, 55-56.

[23]Gentile, 150.

[24]Hill, 296-297.

[25]David Blomgren, *Prophetic Gatherings in the Church* (Portland, OR: Bible Temple, 1979), 41.

[26]Gentile, 357.

[27]Blomgren, 1-13.

[28]Blomgren, 1.

[29]David Cannistraci, *The Gift of Apostle* (Ventura, CA: Regal, 1996), 102.

[30]Bill Hamon, *Prophets and Personal Prophecy: God's Prophetic Voice Today*, vol. 1 (Shippensburg, PA: Destiny Image, 1987), 54.

[31]Jim Goll, *The Seer* (Shippensburg, PA: Destiny Image, 2004), 21.

[32]Hamon, 55.

[133] Robeck, 735.

[134]"The Teaching of the Twelve Apostles," *Ante-Nicene Fathers* (ANF), vol. 7. ed. Alexander Roberts and James Donaldson on CD-ROM. Book for the Ages. Ages Software Version 1.0c. 1997. 11, 763.

[135]Gillespie, 2-5.

[136]Robeck, 736.

[137]Ignatius, "The Epistle of Ignatius to the Philadelphians," *Ante-Nicene Fathers* (ANF), vol. 1. ed. Alexander Roberts and James Donaldson on CD-ROM. Book for the Ages. Ages Software Version 1.0c. 1997. 11, 158-160.

[138]Justin Martyr, "Dialogue with Trypho," *Ante-Nicene Fathers* (ANF), vol. 1. ed. Alexander Roberts and James Donaldson on CD-ROM. Book for the Ages. Ages Software Version 1.0c. 1997. 82, 461.

[139]Irenaeus, "Against Celsus," *Ante-Nicene Fathers* (ANF), vol. 1. ed. Alexander Roberts and James Donaldson on CD-ROM. Book for the Ages. Ages Software Version 1.0c. 1997. 1:409, 531.

[140]Kilian McDonnell and George T. Montague, *Christian Initiation and Baptism in the Holy Spirit: Evidence from the First Eight Centuries* (Collegeville, MN: The Liturgical Press, 1991), 106.

[141]Robeck, 736.

[142]Paul Tillich, *A History of Christian Thought* (New York, NY: Harper & Row, 1968), 41.

[143]Aune, 313.

[144]Robeck, 736; see also McDonnell and Montague, 128-129.

[145]Cyprian, "The Epistle of Cyprian," *Ante-Nicene Fathers* (ANF), vol. 5. ed. Alexander Roberts and James Donaldson on CD-ROM. Book for the Ages. Ages Software Version 1.0c. 1997, 39.1, 4; 40; 48.4; 63.1; 66.5.

[146]Eusebius, "Ecclesiastical History," *Nicene and Post-Nicene Fathers* (NPNF), 2nd Series, vol. 1. ed. Philip Schaff on CD-ROM. Book for the Ages. Ages Software Version 1.0c. 1997, 5:316.

[147]Salaminius Hermias Sozomen, "The Ecclesiastical History of Salaminius Hermias Sozomen," *Nicene and Post-Nicene Fathers* (NPNF), 2nd Series, vol. 2. ed. Philip Schaff on CD-ROM. Book for the Ages. Ages Software Version 1.0c. 1997, 6.5; 7.22.

[148]Sozomen, 1.13; 6.5. See also Athanasius, "The Life of Antony," *Nicene and Post-Nicene Fathers* (NPNF), 2nd Series, vol. 4. ed. Philip Schaff on CD-ROM. Book for the Ages. Ages Software Version 1.0c. 1997, 52, 62, 66, 82.

[149]Sozomen, 4.10, NPNF, 2nd Series, 2:654.

[150]Robeck, 737.

[151]Eddie L. Hyatt, *2000 Years of Charismatic Christianity* (Lake Mary, FL: Charisma House, 2002), 46.

[152]Paul L. King, "The Prophetic Movement in Historical Context," *Refleks*, June, 2007, 49. See also, Philip Schaff, *History of the Christian Church,* vol. 5. on CD-ROM. Book for the Ages. Ages Software Version 1.0c. 1997.

[153]Robeck, 738. See also Vinson Synan, "2000 Years of Prophecy," *Ministries Today*, Sept./Oct. 2004, 25.

[154]Kenneth Latourette, *A History of Christianity: Reformation to the Present, Volume II: A.D. 1500-A.D. 1975* (New York, NY: Harper & Row, 1975), 720.

[155]Hyatt, 74.

[156]Hyatt, 74.

[157]Vinson Synan, "Apostolic Practice," *He Gave Apostles: Apostolic Ministry in the 21st Century*, Edgar R. Lee, ed. (Springfield, MO: Assemblies of God Theological Seminary, 2005), 17; quoted in King, "The Prophetic Movement in Historical Context," 49. See also John Calvin, *Institutes of Christian Religion,* vol. 4, trans. Henry Beveridge on CD-ROM. Book for the Ages. Ages Software Version 1.0c. 1997, 3.4; 1091.

[158]Jack Deere, *Surprised by the Voice of God: How God Speaks Today Through Prophecies, Dreams, and Visions* (Grand Rapids: Zondervan, 1996), 69-78.

[159]Robeck, 738. For a discussion of the French Prophets, see also King, 50, and Hyatt, 86-88.

[160]King, "The Prophetic Movement in Historical Context," 51.

[161]King, "The Prophetic Movement in Historical Context," 51.

[162]David W. Dorries, *Spirit-Filled Christology: Merging Theology and Power* (San Diego: Aventine, 2006), 256.

[163]David W. Dorries, *Edward Irving's Incarnational Christology* (Fairfax, VA: Xulon, 2002), 56.

[164]David W. Dorries, Profesor Asociado de la Historia de la Iglesia y Biblioteca Teológica en Universidad Oral Roberts, entrevistado por el autor, Oklahoma, 12 de diciembre del 2007.

[165]Dorries, entrevistado por el autor, Oklahoma, 12 de diciembre del 2007.

[166]King, 53.

[167]Charles H. Spurgeon, *C. H. Spurgeon's Autobiography: Diary, Letters, and Record*, vol. 2, 1854-1860, compiled by his wife and private secretary, on CD-ROM. Book for the Ages. Ages Software Version 1.0c. 1996, 241-242.

[168]King, 52-53. See also Winthrop S. Hudson, and John Corrigan, *Religion in America: An Historical Account of the Development of American Religious Life*, Fifth Edition (New York, NY: Macmillan, 1992), 182-183, 189-194.

[169]Fred T. Corum, *Like As of Fire: A Reprint of the Old Azusa Street Papers*, compiled by author (Wilmington, MA: author published, 1981), 6.

[170]Hyatt, 174.

[171]King, "The Prophetic Movement in Historical Context," 55.

[172]King, "The Prophetic Movement in Historical Context," 55.

[173]Dick Iverson, *The Journey, A Lifetime of Prophetic Moments* (Portland, OR: Bible Temple, 1995), 104-106. See also Kevin J. Conner, *Today's Prophets: New Testament Teaching on Today's Prophets* (Portland, OR: Bible Temple, 1989), 2-3; Gentile, 286-302.

[174]Williams, *Renewal Theology: Salvation,* vol. 2, 381.

[175]C. Samuel Storms, "A Third Wave View," in *Are Miraculous Gifts for Today?*, ed. Wayne Grudem (Grand Rapids, MI: Zondervan, 1996), 207.

[176]J. R. Williams, *Renewal Theology: God, The World, and Redemption*. vol. 1 (Grand Rapids: Zondervan, 1988), 32.

[177]William G. T. Shedd, *Dogmatic Theology*, third edition, ed. Alan W. Gomes (Phillipsburg, NJ: P & R, 2003), 85.

[178]Louis Berkhof, *Systematic Theology* (Carlisle, PA: The Banner of Truth Trust, 1958), 34.

[179]Berkhof, 85.

[180]Williams, *Renewal Theology*, vol. 1, 32-44.

[181]Williams, *Renewal Theology*, vol. 1, 44.

[182]Richard B. Gaffin, Jr., *Perspectives on Pentecost: New Testament Teaching on the Gifts of the Holy Spirit*, (Phillipsburg, NJ: Presbyterian and Reformed Publishing Company, 1979), 93-102. See also John MacArthur, *Charismatic Chaos* (Grand Rapids: Zondervan, 1992), chapter 2.

[183]Williams, *Renewal Theology*, vol. 1, 44.

[184]Gentile, 163.

[185]Dunn, 228.

[186]Wayne Grudem, *Systematic Theology: An Introduction to Biblical Doctrine* (Grand Rapids: Zondervan, 1994), 1056.

[187]Wayne Grudem, *The Gift of Prophecy in 1 Corinthians* (Lanham, MD: University Press of America, 1982), 12-13.

[188]Grudem, *Systematic Theology: An Introduction to Biblical Doctrine*, 74.

[189]Grudem, *The Gift of Prophecy in the New Testament and Today*, 11-14. See also Grudem, *Systematic Theology: An Introduction to Biblical Doctrine*, 1050-1061.

[190]Gentile, 30.

[191]Robert L. Saucy, "An Open But Cautious View," in *Are Miraculous Gifts for Today?*, ed. Wayne Grudem (Grand Rapids, MI: Zondervan, 1996), 120-128.

[192]Joyner, 117-118.

[193]Joyner, 118.

[194]Gentile, 32-34.

[195]Gentile, 32.

[196]Gentile, 31.

[197]Gordon Fee, *God's Empowering Presence: The Holy Spirit in the Letters of Paul* (Peabody, MA: Hendrickson, 1994), 892.

[198]Gentile, 32.

[199]*Westminster Confession of Faith* (Glasgow, GB: Free Presbyterian, 1990), Capítulo 2, sección 1, 24-26.

[200]Williams, *Renewal Theology*, vol. 1, 50.

[201]Williams, *Renewal Theology*, vol. 1, 50.

[202]Williams, *Renewal Theology*, vol. 1, 50.

[203]A. A. Hodge, *Outlines of Theology* (Carlisle, PN: The Banner of Truth, 1860), 175.

[204]Williams, *Renewal Theology*, vol. 1, 50.

[205]Thomas C. Oden, *The Living God, Systematic Theology: Volume One* (Peabody, MA: Prince, 2001), 118.

[206]Emil Brunner, *The Christian Doctrine of God. Dogmatics: Vol. 1*, trad. Olive Wyon (Philadelphia, PA: Westminster, 1950), 199.

[207]Karl Barth, *The Word of God and The Word of Man*, trad. Douglas Horton (Grand Rapids, MI: Zondervan, 1935), 242.

[208]Benjamin B. Warfield, *Counterfeit Miracles* (Carlisle, PA: The Banner of Truth Trust, 1972), 235-236.

[209]Warfield, 6.

[210]Jon M. Ruthven, *On the Cessation of the Charismata: The Protestant Polemic on Post-Biblical Miracles* (Sheffield: Sheffield Academic Press, 1993), 10.

[211]Grudem, *Systematic Theology: An Introduction to Biblical Doctrine*, 362.

[212]Jack Deere, *Surprised by Power of the Spirit: A Former Dallas Seminary Professor Discovers That God Speaks Today* (Grand Rapids: Zondervan, 1993), 231.

[213]Gaffin, 100-101.

[214]Grudem, *Systematic Theology: An Introduction to Biblical Doctrine*, 1039.

[215]Grudem, *Systematic Theology: An Introduction to Biblical Doctrine*, 1039.

[216]Gentile, 238-239.

[217]Ruthven, *On the Cessation of the Charismata*, 10.

[218]*Westminster Confession of Faith*, Chapter 1, section 6, 22.

[219]Grudem, *Are the Miraculous Gifts for Today?*, 165-170.

[220]*Westminster Confession of Faith*, Chapter 1, section 10, 24.

[221]Grudem, *Are the Miraculous Gifts for Today?*, 165-170.

[222]MacArthur, *Charismatic Chaos,* chapter 5.

[223]Grudem, *Systematic Theology: An Introduction to Biblical Doctrine*, 1044.

[224]Fee, 59.

[225]Gentile, 365.

[226]Sandford, 151.

[227]Sandford, 166.

[228]Deere, *Surprised by the Voice of God*, 131.

[229]Gentile, 365.

[230]Deere, *The Beginner's Guide*, 59.

[231]Gentile, 365.

[232]Blomgren, 47.

[233]Deere, *Surprised by the Voice of God*, 145.

[234]Gentile, 80-81.

[235]Williams, *Renewal Theology*, vol. 2, 382-383.

[236]Williams, *Renewal Theology*, vol. 2, 387.

[237]Gentile, 314.

[238]Gentile, 316.

[239]Gentile, 316-317.

[240]Blomgren, 54.

[241]Wimber, 54-55.

[242]Williams, *Renewal Theology*, vol. 1, 44.

ACERCA DEL AUTOR

El **Dr. Edgar González Jaime** es un ministro dinámico que predica y enseña el Evangelio del Reino de Jesucristo con señales, milagros y prodigios. Ha estado activo en el ministerio durante los últimos veinticinco años, desde que el Señor lo llamó a ser un ministro a los 19 años de edad. Su ministerio es conocido por la manifestación de sanidades físicas, señales y prodigios, y por una unción profética impresionante.

Es un ministro ordenado, y comisionado apostólicamente, que se desempeña como presidente de **Ministerios de Impacto Global**—una organización apostólica que ministra a Iglesias, Pastores y Ministros a un nivel internacional y nacional—y presidente del **Ministerio Internacional Edgar González**—donde viaja nacional e internacionalmente como un Apóstol, Evangelista y Profeta predicando y enseñando el Evangelio del Reino de Dios.

El Dr. González Jaime obtuvo su educación subgraduada en la **Universidad Interamericana de Puerto Rico**, donde terminó un **BA** en Psicología, y a través de la **Facultad de Derecho Eugenio María de Hostos** en Puerto Rico un **Juris Doctor**. También posee una **Maestría en Divinidad** y un **Doctorado en Ministerio** con una concentración en **Liderazgo** de la **Escuela de Teología y Ministerio de la Universidad Oral Roberts**.

Global Impact Ministries

P.O. Box 2551

Isabela, Puerto Rico, 00662

787-872-9438

www.iglobalimpact.com

EDGAR GONZALEZ
MINISTRIES
INTERNATIONAL